U0922086

珍藏本
纪念版

汉译世界学术名著丛书

美学原理

〔意〕克罗齐 著

朱光潜 译

商务印书馆
SINCE 1897 The Commercial Press

2017年·北京

Benedetto Croce

AESTHETIC

As science of expression and general linguistic

本书根据 Macmillan & Co. 1922 年英文版译出

汉译世界学术名著丛书
（120年纪念版·珍藏本）
出版说明

2017年2月11日，商务印书馆迎来120岁的生日。120年前，商务印书馆前贤怀揣文化救国的理想，抱持“昌明教育，开启民智”的使命，立足本土，放眼寰宇，以出版为津梁，沟通中西，为中国、为世界提供最富智慧的思想文化成果。无论世事白云苍狗，潮流左右激荡，甚至战火硝烟弥漫，始终践行学术报国之志，无改初心。

逐译世界各国学术名著，即其一端。早在20世纪初年便出版《原富》《天演论》等影响至今的代表性著作，1950年代后更致力于外国哲学和社会科学经典的译介，及至1980年代，辑为“汉译世界学术名著丛书”，汇涓为流，蔚为大观。丛书自1981年开始出版，历时三十余年，迄今已推出七百种，是我国现代出版史上规模最大、最为重要的学术翻译工程。

丛书所选之书，立场观点不囿于一派，学科领域不限于一门，皆为文明开启以来，各时代、各国家、各民族的思想与文化精粹，代表着人类已经到达过的精神境界。丛书系统译介世界学术经典，引领时代思想，为本土原创学术的发展提供丰富的文化滋养，为推动中国现代学术和现代化进程做出了突出的贡献。

为纪念商务印书馆成立120周年，我们整体推出“汉译世界学术名著丛书”120年纪念版的珍藏本，寄望既利于文化积累，又便于研读查考，同时向长期支持丛书出版的译者、编者和读者致以敬意。

两甲子后的今天，商务印书馆又站在了一个新的历史时间节点上。我们不仅要铭记先辈的身影和足迹，更须让我们的步伐充满新的时代精神。这是商务人代代相传的事业，更是与国家和民族的命运始终紧密相连的事业。我们责无旁贷，必须做好我们这代人的传承与创造，让我们的努力和成果不仅凝聚成民族文化的记忆，还能成为后来人可以接续的事业。唯此，才能不负前贤，无愧来者。

商务印书馆编辑部

2017年10月

修正版译者序

这几年国内美学界在批判我的主观唯心主义的美学思想中，常涉及我所依据的克罗齐的美学思想。一般人把克罗齐称为新黑格尔派，其实他的美学思想更接近康德。不但他的直觉说是发挥康德的“无所为而为的观照”说，而且在存在与意识的关系上，他认为本来“无形式的物质”借心灵综合作用而得到形式，也还是康德的“先经验的综合”说的变相。所以他的美学思想还是属于主观唯心主义的范畴。他的基本错误就在这个主观唯心主义的出发点，从此生出一些其它突出的错误；例如把单纯感觉式的直觉混为艺术形象思维式的直觉，把直觉和抽象思维的分别加以绝对化，过分强调直觉为心灵活动，把艺术的表现媒介和传达技巧看成和艺术没有直接的关系之类。不过他对美学也并非毫无贡献。在立的方面，他把形象思维和抽象思维的对立突出地加以阐明了，尽管他没有看到这两对立面的统一；他把艺术的整一性（即无论是自然美还是艺术美，无论是这一种艺术美还是那一种艺术美，既然都叫做美，总有一个共同的特性）也强调指出了，尽管他忽视了不同具体事例的差异性。在破的方面，他对于过去一些美学观点的批评也替美学的进展扫清了一些障碍，特别在否定美学上的快感主义，联想主义，“理智的直觉”说，同情说，鉴赏力与天才的对立说等方面。

至于艺术与语言的统一说则是他首次提出来的，对于语言学与美学都有深刻的意义；不过关于这方面，我们还有待于进一步的探讨。

像康德和黑格尔一样，克罗齐是把美学看成哲学中一个部门的，他用的方法主要地是概念的分析和推演，所以他反对从作为经验科学的心理学观点去研究美学。我在《文艺心理学》里，一方面依据了克罗齐纯粹从哲学出发所建立的理论，一方面又掺杂了一些心理学派的学说。如果单从介绍克罗齐来说，我对他有些歪曲。因此，把克罗齐的原著介绍出来，无论是对于批判还是对于吸收，都是有益的。克罗齐自己在本书第九章里也说："过去的错误的学说不宜忘掉不谈，因为各种真理都要在和错误斗争之中，才能维持它们的生命。"

这是十年前的旧译，为了再版，我做了很多的文字上的修改。

朱 光 潜

1956 年 7 月

第一版译者序

我起念要译克罗齐的《美学》，远在十五六年以前，因为翻译事难，一直没有敢动手。这十五六年中我却写过几篇介绍克罗齐学说的文章，事后每发见自己有误解处，恐怕道听途说，以讹传讹，对不起作者，于是决定把《美学》翻译出来，让读者自己去看作者的真面目。

《美学》是克罗齐的第一部著作，它所讨论的不仅是普通的美学问题，尤其是美学在整个哲学中的地位，审美活动与其它心灵活动的分别和关系。克罗齐对于哲学自有一个系统，美学在这个系统里只是一个项目。他写完《美学》以后，继续写了三部书——《逻辑学》、《实践活动的哲学》、《历史学》　　才把他所谓《心灵的哲学》全部和盘托出。不过后来的三部书的要义都已在《美学》里约略提及，所以《美学》这部书含有他的全部哲学的雏形，不能只当作一部专讲美学的书去看。

克罗齐的文章有它的逻辑的谨严性，意思表达到恰能明白为止，不再去发挥，也不讲究词藻的修饰，所以表面看起来像很干枯，有时像过于简略，没有一般写艺术问题的文章那么“美”。它的好处在精确不枝蔓。读这种文章，如同读亚理斯多德和康德的文章一样，当然很费力；惟其要费力，读者就要读一句，想一句，不能走马看花，或是只被动地接受，所以费力有费力的收获。

我自己写文章，一般以流畅亲切为主，翻译这书时却不得不改变自己的作风以求对于作者忠实。我起稿两次，第一次全照原文直译，第二次誊清，丢开原文，顺中文的习惯把文字略改得顺畅一点。我的目标是：第一不违背作者的意思，第二要使读者在肯用心求了解时能够了解。

因为原文太简，有时援引中国读者所不很熟习的学说或典故，所以我在译文之后附着简明的注释。

原书分原理与历史两部分，我只译了原理部分，所以书名也改为《美学原理》，这并非因为历史部分不重要，而是因为克罗齐写美学学说史，完全照他的直觉即表现那个观点出发，与他的学说无关的一概从略。所以《美学》的历史部分不能当作一般的美学史去看，对于初学者没有多大用处。

我根据的本子是昂斯勒（Douglas Ainslie）的英译本，1922 年伦敦麦美伦书店出版（Benedetto Croce：AESTHETIC as Science of Expression and General Linguistic, Macmillan&Co. Ltd., London，1922），译时并参照意大利原文本第五版。因为我发见英译本常有错误或不妥处，原因在译者的哲学训练不太够，而且他根据修正的是原文第四版（1909 年版），克罗齐在第五版（1922 年版）里已略有更正。

朱光潜

1947 年 2 月

目　　录

第一章　直觉与表现

〔直觉的知识〕　知识有两种形式：不是直觉的，就是逻辑的；不是从想象得来的，就是从理智得来的；不是关于个体的，就是关于共相的；不是关于诸个别事物的，就是关于它们中间关系的；总之，知识所产生的不是意象，就是概念①。

在日常生活中，我们常用到直觉的知识。人们说，有些真理不能下界说，不能用三段论式证明，必须用直觉去体会。政治家每指责抽象的理论家对实际情况没有活泼的直觉；教育理论家极力主张首先要发达学童的直觉功能，批评家在评判艺术作品时，以为荣誉攸关的是撇开理论和抽象概念，只凭直接的直觉下判断；实行家也每自称立身处世所凭借的，与其说是理智，不如说是直觉。

直觉的知识在日常生活中虽然得到这样广泛的承认，在理论与哲学的区域中却没有得到同样应得的承认。理性的知识早就有一种科学去研究，这是世所公认而不容辩论的，这就是逻辑；但是

① "直觉的知识"(intuitive knowledge)：见到一个事物，心中只领会那事物的形相或意象，不假思索，不生分别，不审意义，不立名言，这是知的最初阶段的活动，叫做直觉。直觉是一切知的基础。见到形相了，进一步确定它的意义，寻求它与其它事物的关系和分别，在它上面作推理的活动，所得的就是概念(concept)或逻辑的知识(logical knowledge)。(本书注释均为中译者注)

研究直觉知识的科学却只有少数人在畏缩地辛苦维护。逻辑的知识占据了最大的份儿，如果逻辑没有完全把她的伙伴宰杀吞噬，也只是悭吝地让她处于侍婢或守门人的卑位。没有理性知识的光，直觉知识能算什么呢？那就只是没有主子的奴仆。主子固然得到奴仆的用处，奴仆却必须有主子才能过活，直觉是盲目的，理智借眼睛给她，她才能看。

〔直觉知识可离理性知识而独立〕 现在我们所要切记的第一点就是：直觉知识并不需要主子，也不要倚赖任何人；她无须从旁人借眼睛，她自己就有很好的眼睛。直觉品[①]固然可与概念混合，但是也有许多直觉品毫没有这种混合的痕迹，这就足见混合并非必要。画家所给的一幅月景的印象，制图家所画的一个疆域的轮廓，一段柔美的或是雄壮的乐曲，一首嗟叹的抒情诗的文字，或是我们在日常生活中发疑问，下命令，和表示哀悼所用的文字，都很可以只是直觉的事实，毫不带理智的关系。但是不管你对这些事例怎样看，并且姑且承认文明人的直觉品有大部分含着概念，也还有一个更重要更确定的论点须提出：混化在直觉品里的概念，就其已混化而言，就已不复是概念，因为它们已失去一切独立与自主；它们本是概念，现在已成为直觉品的单纯原素了。放在悲喜剧人物口中的哲学格言并不在那里显出概念的功用，而是在那里显出描写人物特性的功用。同理，画的面孔上一点红，在那里并不代

① 西文把直觉的心理活动和直觉所得到的意象通称为 intuition，不加分别，颇易混淆。现在把直觉的活动叫做“直觉”，直觉的产品叫做“直觉品”。“表现”与“表现品”由此类推。这犹如写文章叫做“作”，写成的叫做“作品”。在意义不致混淆时，即不作此分别。

表物理学家的红色，而是画像的一个表示特性的原素。全体决定诸部分的属性。一个艺术作品尽管满是哲学的概念，这些概念尽管可以比在一部哲学论著里的还更丰富，更深刻，而一部哲学论著也尽管有极丰富的描写与直觉品；但是那艺术作品尽管有那些概念，它的完整效果仍是一个直觉品的；那哲学论著尽管有那些直觉品，它的完整效果也仍是一个概念的。例如《约婚夫妇》[①]一书含有许多伦理的议论，但它并不因此在全体上失去一个单纯故事或直觉品的特性。同理，一部哲学著作，例如叔本华的著作，里面有许多片段故事和讽刺隽语，这也不使它失去说理文的特性。一个科学作品和一个艺术作品的分别，即一个是理智的事实，一个是直觉的事实。这个分别就在作者所指望的完整效果上面见出。这完整效果决定而且统辖各个部分；这各个部分并不能一一提出而抽象地就它本身去看。

〔直觉与知觉〕　只承认直觉可独立不靠概念，还不能尽直觉的真义。有一派人承认这种独立，或是至少不彰明较著地使直觉靠理智，但却仍不免犯另一种错误，以至不明直觉的真相。这就是把直觉认成知觉[②]，认成对于现前实在的知识，即说某某事物是实在的那种认识。

① “约婚夫妇”(I Promessi Sposi)是19世纪意大利作家曼佐尼(Alessandro Manzoni 1785—1873)的一部著名小说。

② “知觉”(perception)：见一事物形象而知觉其为某某，明白它的意义，叫做“知觉”。它在直觉之后，概念之前。知觉的对象仍是个别事物，概念则须涉及许多事物的共相或公同属性。不过事实上这三种活动常可辨别而不可分割。比如说“那是一个人”，直觉得到“那”所代表的形象，知觉得“那是一个人”的认识，而“人”则为凡人的公同属性，由概念作用得来。

知觉的确是直觉。例如我在里面写作的这间房子，摆在我面前的墨水瓶和纸，我用的笔，我所接触的和用来做我的工具的种种事物，以及既在写作，所以是存在的我自身——这一切知觉品都同时是直觉品。但是我现在忽然想起另一个我，在另一城市中另一间房屋里用另一种纸笔墨写作，这意象也还是一个直觉品。这可见实在与非实在的分别对于直觉的真相是不相干的，次一层的。如果我们假想人心第一次有直觉品，那就好像只能是关于现前实在界的，这就是说，它除实在界以外不能对任何事物起直觉。但是因为对于实在界的知识须根据实在的形象和非实在的形象的分别，而这种分别在最初阶段还不存在，这些直觉品就不能说是对于实在判别是非的，就还不是知觉品而是纯粹的直觉品。在一切都实在时，就没有事物是实在的，婴儿难辨真和伪，历史和寓言，这些对于他都无分别。这事实可以使我们约略明白直觉的纯朴心境。对实在事物所起的知觉和对可能事物所起的单纯形象，二者在不起分别的统一中，才是直觉。在直觉中，我们不把自己认成经验的主体，拿来和外面的实在界相对立，我们只把我们的印象化为对象（外射我们的印象），无论那印象是否是关于实在。

〔直觉与时间空间概念〕 有些人把直觉看成纯靠时间空间两范畴来形成和安排的感官领受[①]，这倒似较近于真理。空间

① 西文 sensation 一字普通的译名是“感觉”。既成“觉”，即与“知觉”无别。克罗齐用这字的意义与一般用法不同，它只是事物触到感官而感官起作用，还没有到“觉”的程度。它应译为“感受”，意即“感官领受”，或刺激在感官上起作用。“感受”还是被动的，未由心灵领会的，心灵主动，把“感受”的东西察觉，于是才成知觉。

与时间(他们说)是直觉的两形式;具有一个直觉品,就是把它安排在空间里和时间次第里。直觉的活动于是包含空间性与时间性这两重的并行的功能。但是关于时空这两种范畴在与直觉品混合时,上述关于理智分辨与直觉品混合的话还可以适用。我们可以离开空间时间而有直觉品:例如天的一种颜色,一种情感的色调,一声苦痛的嗟叹,一种意志的奋发,在意识中成为对象,都是我们的直觉品,它们的形成都与空间时间无关。有些直觉品可以有空间性而无时间性,有些直觉品可以有时间性而无空间性;纵然有些直觉品兼有空间性和时间性,也是借事后回想才知觉其为有:它们混化于直觉品,正和直觉品的其它原素一样,只是**材料因**而不是**形式因**,只是组合的份子而不是组合的作用。除非回想的活动暂时闯入凝神观照,谁在看一幅画或一片风景时,能想到空间呢?谁在听一个故事或一首乐曲时,能想到时间次第呢?直觉在一个艺术作品中所见出的不是时间和空间,而是**性格**,**个别的相貌**。这个看法在近代哲学各方面都可得到印证。空间和时间在今日并不是单纯而原始的作用,而是很复杂的理智的建立品。还不仅此,有一派人纵然不完全否认空间时间有赋予形式的原则,范畴和作用那么一种特性,却也想把空间时间联贯起来,不用通常看待范畴的看法去看待它们。有些人以为直觉只有空间性一个范畴,而时间只能假道于空间去直觉。又有些人放弃三度空间,以为从哲学看,无此必要,于是空间作用被看成没有任何特殊的空间的定性。但是这样空间作用——一种简单的安排要连时间也安排在内——究竟是什么呢?它一定代表凡批评辩驳所留下来站得住的一点什么——就是要承认有普通的直觉活动。如果把一个单纯的作用付与这个直觉

活动时，把这作用不看作空间化或时间化，而只看作个性化，这直觉活动不就已真正地有了确定的性质么？或则说得更好一点，如果把这直觉活动本身看成一个范畴或作用，使我们凭借它来认识事物的具体方面与个性方面，它不就已真正地有了确定的性质么？

〔直觉与感受〕 既已使直觉的知识脱净理智主义的意味以及一切后起外加的东西了，我们现在就要从另一方面来说明它，定它的界限，替它防御另一种侵犯和混淆。在直觉界限以下的是感受，或无形式的物质。这物质就其为单纯的物质而言，心灵永不能认识。心灵要认识它，只有赋予它以形式，把它纳入形式才行。单纯的物质对心灵为不存在，不过心灵须假定有这么一种东西，作为直觉以下的一个界限。物质，在脱去形式而只是抽象概念时，就只是机械的和被动的东西，只是心灵所领受的，而不是心灵所创造的东西。没有物质就不能有人的知识或活动，但是仅有物质也就只产生兽性，只产生人的一切近于禽兽的冲动的东西；它不能产生心灵的统辖，心灵的统辖才是人性。在我们的身心中所经过的一切，我们岂不常想懂得清楚！我们隐约地瞥见有一种什么，但是这并没有在心灵面前化成对象，纳入形式。就是在这些时会，我们最便于看出物质与形式的大差别。物质与形式并不是我们的两种作为，互相对立；它们一个是在我们外面的，来侵袭我们，撼动我们；另一个是在我们里面的，常要吸收那在外面的，把自身和它合为一体。物质，经过形式打扮和征服，就产生具体形象。这物质，这内容，就是使这直觉品有别于那直觉品的；这形式是常住不变的，它就是心灵的活动；至于物质则为可变的。没有物质，心灵的活动就

不能脱离它的抽象的状态而变成具体的实在的活动[1]，不能成为这一个或那一个心灵的内容，这一个或那一个确定的直觉品。

有一个奇怪的事实是这个时代的特色，就是这个形式，这个心灵的活动，本来主要地是我们自己的，却常被人忽视或否认。有些人把人的心灵的活动和通常所谓“自然”的譬喻的和神话的活动混为一事，其实这自然的活动只是机械动作，与人的活动毫不相似，除非和伊索[2]一样假想：“树木也能说话，不仅是野兽。”有些人说他们从来没有在自己心里发见到这种“神奇的”活动，好像说发汗与运思，觉冷与起意志都没有差别，或者纵有差别，也只是分量上的差别。另一些人要把心灵活动与机械动作这两种异类的东西联贯成为一个较普遍的概念，也颇言之成理。我们暂且不论这种最后的联贯是否可能，在何种意义之下可能，且承认我们不妨这样尝试，可是有一点是显然的，就是把两个概念联贯成一个第三概念时，首先就要承认原来那两个概念有差别。这差别就是我们所要探讨的，要说明的。

〔直觉与联想〕　直觉有时被人混为单纯的感受，但是这就违反常识；较普通的办法是拿一种话头来冲淡它或掩饰它，而其实

---

① 本书常用具体（concrete）和抽象（abstract）两个相对立的形容词，但与通常的用法稍有分别。依通常的用法，实物是“具体”的，属性是“抽象”的。克罗齐用这两字，颇受黑格尔的影响。一个整个的东西就其全体来说，是“具体”的；在其中单抽出某一部分来说，是“抽象”的。例如内容与形式融化成一体，才是“具体”的艺术作品；如果单就内容说，或单就形式说，那就成了“抽象”。换句话说，“具体的”是“全面的”，“抽象的”是“片面的”。

② 伊索（Aesop）：公元前6世纪弗里吉亚人，原是奴隶，后以写寓言著名。他的寓言在公元后40年始用希腊文译成诗。

这话头说是要分别直觉与感受，却仍然把它们弄混淆了。直觉据说就是感受，但是与其说是单纯的感受，毋宁说是诸感受品的联想。这里“联想”一词隐藏着两重意义。第一，联想被看成记忆，记忆的联络，有意识的回想。在这个意义之下，说把本来未经直觉，未经分辨、未经心灵以某种方式获取、未经意识造作的一些原素在记忆里联贯起来，那似是不可思议的。其次，联想或是被看成下意识的诸原素的联贯。在这个意义之下，我们就还未脱离感受和自然的境界。但是如果我们随联想派学者把联想看成既非记忆，又非诸感受品的流转，而是创造的联想（赋予形式的、建设的、分辨的联想），那就是承认我们的主张，而所否认的不过是名称。因为创造的联想已不是感受主义者所了解的联想，而是综合，是心灵的活动。综合可称为联想，但是既有了创造一个意思，就已假定有被动与主动，感受与直觉的分别了。

〔直觉与表象〕　另一派心理学家在感受之外还辨别出另一种东西，它已不复是感受，但是也还未成为理性的概念：这就是“表象”或“意象”[①]。他们所谓“表象”或“意象”和我们所谓“直觉的知识”究竟有什么分别呢？这分别可以说是很大，也可说是毫无。因为“表象”是一个很含混的名词。如果它指已从诸感受品的心理基础分割出来的、超然独立的一种东西，那末表象就是直觉。如果它被看成复杂的感受品，我们又回到生糙的感受，感受终是感受，它

① “表象”（representation）：事物投射一个形影在心里，心里那个形影便“代表”事物本身，它就是事物在心中的“表象”。“意象”或“形象”（image），是一个比较通行的名词。

的特质并不随它的繁简而变，也不随它所出现的有机体是原始的，还是高度发达的，带着许多过去感受品的遗痕的这个分别而变。把感受定为第一位的心理产品，表象定为第二位的心理产品（使它们在心理发展上有先后分别），这也不能消除含混。什么叫做第二位呢？它是否指一种性质上的形式的分别？如果是，则表象是感受的加工润色，所以就是直觉。否则它是否指较大的繁复性，一种数量上的内容分别？如果是，则直觉又和简单的感受混淆起来了。

〔直觉与表现〕 要分辨真直觉、真表象和比它较低级的东西，即分辨心灵的事实与机械的、被动的、自然的事实，倒有一个稳妥的办法。每一个真直觉或表象同时也是表现。没有在表现中对象化了的东西就不是直觉或表象，就还只是感受和自然的事实。心灵只有借造作、赋形、表现才能直觉。若把直觉与表现分开，就永没有办法把它们再联合起来[①]。

直觉的活动能表现所直觉的形象，才能掌握那些形象。如果这话像是离奇的，那就多少由于“表现”一词的意义通常定得太狭了。它通常只限用于所谓“文字的表现”。但是表现也有非文字的，例如线条、颜色、声音的表现。我们的学说必须扩充到能适用

① “表现”(expression)：克罗齐用这个字，和一般的用法大异。普通是：心里有一个意思，把它说出来（用文字或用其它媒介）叫做“表现”。例如说某人在某作品里“表现”他的情感和思想，这正犹如说某人面红耳赤，声色俱厉，“表现”他的怒，把藏在心里的东西“现”在“表”面来。据克罗齐的意思，事物触到感官（感受），心里抓住它的完整的形象（直觉），这完整形象的形成即是表现，即是直觉，亦即是艺术。这一点是他的基本原理，对于了解他的美学极为重要。参看本书第 109 页注①。

于这些上面，它须包含人在辞令家、音乐家、画家或任何其它的地位所有的每一种表现。但是无论表现是图画的、音乐的，或是任何其它形式的，它对于直觉都绝不可少；直觉必须以某一种形式的表现出现，表现其实就是直觉的一个不可缺少的部分。我们如何真正能对一个几何图形有直觉，除非我们对它有一个形象，明确到能使我们马上把它画在纸上或黑板上？我们如何真正能对一个区域——比如说西西里岛——的轮廓有直觉，如果我们不能把它所有的曲曲折折都画出来？每个人都经验过，在把自己的印象和感觉抓住而且表达出来时，心中都有一种光辉焕发；但是如果没有抓住和表达它们，就不能有这种内心的光辉焕发。所以感觉或印象，借文字的助力，从心灵的浑暗地带提升到凝神观照界的明朗。在这个认识的过程中，直觉与表现是无法可分的。此出现则彼同时出现，因为它们并非二物而是一体。

〔直觉与表现有分别的错觉〕 我们的主张所以显得似是而非者，主要是由于一种错觉或偏见：以为我们对于实在界的直觉很完备；而实际上它并不是那样完备。我们常听到人们说他们心里有许多伟大的思想，但是不能把它们表现出来。但是他们如果真有那些伟大的思想，他们就理应已把它们铸成恰如其分的美妙响亮的文字，那就是已把它们表现出来了。如果在要表现时，这些思想好像消散了或是变得贫乏了，理由就在它们本来不存在或本来贫乏。人们以为我们一般人都像画家一样能想象或直觉山川人物和景致，和雕刻家一样能想象或直觉形体，所不同者，画家和雕刻家知道怎样去画去雕这些形象，而我们却只让它们留在心里不表现。他们相信任何人都能想象出一幅拉斐尔[①]所画的圣母像；拉斐尔之所以为拉斐尔，只是由于他有技艺方面的本领，能把那圣母画在画幅上。这种见解是极荒谬的。我们所直觉到的世界通常是微乎其微的，只是一些窄小的表现品，这些表现品随某时会的精神凝聚之加强而逐渐变大变广。它们就是我们自言自语的话，我们的沉默的判断，例如"这里是一个人，这里是一匹马，这是沉重的，这是尖锐的，这个使我快意"之类。它们只是光与色的杂凑，在画艺上的价值并不高于偶然放射的一些颜色所可表现的东西，在这些颜色中很难找出一点特殊而明显的个性。我们在日常生活中所有的直觉品不过如此，它们是我们日常行动的凭借。它们像一部书的引得，贴在事物上面就代表那些事物的标签。引得与标签（本身就是表现品）只够适应微细的需要和微细的行动。我们经常须从引得转到书，由标签转到事物，由微细的直觉品转到较深广的直觉品，逐渐达到最广大最崇高的直觉品。这个转有时很不容易。精研艺术家心理学的人们常见到这样的事实，把一个人很快地瞥一眼之后，想对他得到一个真实的直觉，好来画他的像，但是临画时，这种寻常知见，本来像是很明确生动，却忽然显得没有什么价值。要画像的那个人物站在两家面前，好像一个尚待发见的世界。米开朗琪罗[②]说过："画家作画不是使

① 拉斐尔（Raffael 1483—1520）：意大利文艺复兴时期画家。他画的圣母像很多，最著名的是在罗马西斯廷教堂的圣母像，现藏德国德累斯顿博物馆。

② 米开朗琪罗（Michael Angelo 1475—1564）与拉斐尔，达·芬奇同为当时意大利三大画家，成就最大。他的杰作是罗马西斯廷教堂的壁画，用《创世记》做题材的。他的雕刻和建筑也极有名。

手而是使脑。”达·芬奇[1]站在《最后的晚餐》那幅画前呆视了许多天，也不动手着一笔，惹得慈悲圣母修道院的长老大惊小怪。他有句话表明这个态度：“大天才的心灵最活跃的创造，是当他们在外表上最不起劲做工作的时候。”画家之所以为画家，是由于他见到旁人只能隐约感觉或依稀瞥望而不能见到的东西。我们以为我们见到一阵微笑，实际上我们所得的却只是它的一个模糊的印象，而没有看出全部性格上的蕴借以这阵微笑为它们的总和；画家在这上面费过意匠经营，发见了它们，所以能把它们凝定于画幅上面。我们对于朝夕都在面前的密友所得到的直觉品，也至多不过是面貌上几个可以帮助辨别他和旁人的特点。在音乐的表现上，这幻觉比较不容易发生；因为说作曲者只附加乐曲于一个“母题”上面，而这“母题”是在一个非作曲者心中已经存在；这种话大家都会觉得离奇，正犹如说贝多芬的第九交响乐[2]不是他自己的直觉品，而他的直觉品也不是第九交响乐。一个人不明白自己有多少物质的财产所起的错觉，可以被数学纠正，数学载明了它的确数；一个人对于自己的思想和意象的财产存着错觉，在逼得要跨过表现那一道“鸿沟”时，也就会恍然大悟。两事道理实相同。让我们向前一位说：“数着看看。”向后一位说：“说出来。”或是：“这里有笔，写出来。”

我们每个人实在都有一点诗人、雕刻家、音乐家、画家、散文家

① 达·芬奇(Leonardo da Vinci 1452—1519)所画的《最后的晚餐》，是画在米兰慈悲圣母修道院(Santa Maria della Grazia)的斋堂壁上的一幅壁画。

② 贝多芬(Ludwig van Beethoven 1770—1827)：德国大音乐家。他的《第九交响乐》是他晚年的重要作品。

的本领；但是比起戴着这些头衔的人们，那就太少了；正因为这些人所具有的虽是人性中一些最平常的倾向和能力，却到了一个极高的程度。一个画家可以具有一个诗人的直觉，可是那比起诗人的直觉却是多么渺小！一个画家也可以具有另一个画家的直觉，可是那比那另一画家的直觉却也多么渺小！然而这渺小的一点就是我们的直觉或表象的全副资产。此外只是一些印象、感受、感觉、冲动、情绪之类东西，还没有达到心灵境界，还没有被人吸收融会的一些东西；这一些东西只是为方便而假立，实际上并不存在，因为“存在”也就是心灵的事实[①]。

〔直觉与表现的统一〕　在本章开始给直觉所下的各种形容词以外，我们可以加上这一句：直觉的知识就是表现的知识。直觉是离理智作用而独立自主的；它不管后起的经验上的各种分别，不管实在与非实在，不管空间时间的形成和察觉，这些都是后起的。直觉或表象，就其为形式而言，有别于凡是被感触和忍受的东西，有别于感受的流转，有别于心理的素材；这个形式，这个掌握，就是表现。直觉是表现，而且只是表现（没有多于表现的，却也没有少于表现的）。

① 本书常用“心灵的事实”和“物理的事实”之类名词。“事实”在英文为 fact，在法文为 fait，有“做成”或“成就”的意思。“心灵的事实”即“心灵所成就的东西”。下仿此。

第二章 直觉与艺术

〔附带的结论和说明〕 在作进一步的讨论以前，我们最好先就已经成立的原理之中抽出一些结论并加以说明。

〔艺术与直觉的知识统一〕 我们已经坦白地把直觉的（即表现的）知识和审美的（即艺术的）事实看成统一，用艺术作品做直觉的知识的实例，把直觉的特性都付与艺术作品，也把艺术作品的特性都付与直觉。但是我们的统一说和连许多哲学家也在主张的一个见解却不相容，就是以为艺术是一种完全特殊的直觉。他们说："我们姑且承认艺术就是直觉，可是直觉不都是艺术；艺术的直觉当自成一类，和一般的直觉不同，在一般的直觉以外还应有一点什么。"

〔它们没有种类上的分别〕 但是没有人能说明这另外一点什么究竟是什么。有时人们以为艺术并不是单纯的直觉，而是直觉的直觉，正犹如科学的概念不是一般的概念，而是概念的概念。因此，人在成就艺术时，并不像一般的直觉只把感受外射为对象，而是把直觉本身外射为对象。但是这种提升到第二级的过程并不存在；拿它和一般的概念与科学的概念的关系相较，也不能证明所要说明的，因为科学的概念也并非是概念的概念。这个比较所能证明的适得其反。一般的概念如果真是概念而不是单纯的表象，就是十足的概念，不管它的涵义怎样贫乏窄狭。科学以概念代替表象，以涵义较富较宽的概念代替涵义较贫较窄的概念。它常在发见新关系。它的方法和最平常的人形成最简单的概念所用的方法并无差别。普通叫做真正的艺术所组合的直觉品，比我们通常所经验的直觉品固较广大较繁复，可是这些直觉品仍不外用感受与印象做材料。

艺术是诸印象的表现，不是表现的表现①。

〔它们没有强度上的分别〕　同理，我们不能说普通叫做艺术的直觉是强度较大的直觉，所以与一般的直觉有别。如果说艺术的直觉与一般的直觉在同一材料上起不同的作用，这话也许是对的。但是艺术的功能虽伸展到较广大的区域，在方法上和一般的直觉并无分别，所以它们的分别不是强度的而是宽度的。一首最简单的通俗情歌，比起千千万万普通人在表示爱情时所说的话，是一样的或差不多，它的直觉在强度上也许仍是完美的，尽管简单得可怜；可是在宽度上它比列奥巴迪②的情歌那样繁复的直觉，就显得太逊色了③。

① “印象”(impression)：即事物印在心中的象，起于感受(sensation)。事物刺激感官，所起作用名“感受”，感受所得为印象。感受与印象都还是被动的，自然的，物质的。心灵观照印象，于是印象才有形式(即形象)，为心灵所掌握。这个心灵的活动即直觉，印象由直觉而得形式，即得表现。表现是在心内成就的工作。一般人以为表现是把在心内的已经心灵综合掌握的印象(即直觉品)外射出去，即借文字等媒介传达于旁人。克罗齐反对此说，以为印象经心灵观照，综合，掌握，赋予形式，即已得到表现。传达是另一回事，是下一步的事。

② 列奥巴迪(Giacomo Leopardi 1798—1837)：意大利诗人，他的短诗极有名，颇富悲观色彩。

③ 克罗齐这段话的意思是艺术作品不能有质的分别，只能有量的分别。比如莎士比亚的某一首十四行诗如果自身是完美的，某一部悲剧如果自身也是完美的，虽然它们在量上悬殊很大，我们却不能说在质上此优于彼，因为它们同是艺术，同是直觉的成就，同是恰如其分的表现。直觉虽有大小的分别，却没有本质上的分别。

〔它们的分别是宽度上的和经验的〕 所以艺术的直觉与一般的直觉的分别全在量方面,就其为量的分别而言,与哲学不相干,哲学是讨论质的学问。有些人本领较大,用力较勤,能把心灵中复杂状态尽量表现出来。这些人通常叫做艺术家。有些很繁复而艰巨的表现品不是寻常人所能成就的,这些就叫做艺术作品。叫做艺术的表现品或直觉品,就其与通常叫做"非艺术"的表现品或直觉品相对立而言,它们的界限只是经验的,无法划定的。如果一句隽语是艺术,一个简单的字为什么不是呢?如果一篇故事是艺术,新闻记者的报导为什么不是呢?如果一幅风景画是艺术,一张地形速写图为什么不是呢?莫里哀的喜剧中那位哲学教师说得好:"每逢我们开口说话,我们就在作散文。"[①]但是世间总有一些学者像茹尔丹先生,惊讶自己说了四十年的散文都还不知道,不大相信他们在使唤仆人妮果萝拿拖鞋来时,他们所说的其实就是——散文。

我们必须坚持我们的统一说,因为艺术的科学——美学——之所以不能阐明艺术的真相,和艺术在人性中的真正根源,其主要原因就在把艺术和一般的心灵生活分开,使它成为一种特殊作用,像贵族的俱乐部。从生理学知道,每一个细胞就是一个有机体,每一个有机体就是一个细胞或细胞群,没有人觉得稀奇。发见一座

① 莫里哀(Molière 1622—1673):法国最伟大的喜剧家。这里所引的故事见《贵人迷》一部喜剧。剧中主角茹尔丹先生有了钱,想充绅士,请一位哲学教师教他读书。那位哲学教师告诉他说话就是作散文,他大为惊讶,说自己作了四十年的散文还不知道(见该剧第二幕第四景)。

高山的化学成分和一块石片的化学成分相同，也没有人觉得稀奇。世间并没有一种大动物的生理学和一种小动物的生理学，也并没有一种化学原理只适用于石头而不适用于高山。同样，世间也没有一种小直觉的科学和一种大直觉的科学，一般直觉的科学和艺术直觉的科学，彼此截然不同。美学只有一种，就是直觉（或表现的知识）的科学。这种知识就是审美的或艺术的事实。这种美学才真是逻辑的姊妹科学，逻辑也把最小最寻常的概念的构成和最繁复的科学哲学系统的构成，都看作性质相同的事实。

〔艺术的天才〕　我们也不承认“天才”或“艺术的天才”一词。就其与一般人的“非天才”有别而言，它在量的多寡以外不能有其它涵义。大艺术家们据说能使我们看见我们自己。除非他们的想象和我们的想象性质相同，只在量上有分别，这如何可能呢？“诗人是天生的”一句成语应该改为“人是天生的诗人”；有些人天生成大诗人，有些人天生成小诗人。天才的崇拜和附带的一些迷信都起于误认这量的分别为质的分别。人们忘记天才并不是天上掉下来的，它就是人性本身。天才家如果装着，或被人认着，和人性远隔，这就会显得有些可笑，可笑就是对他的惩罚。浪漫时代的“天才”和我们时代的“超人”都是例证。①

但是这里应该提到一点：有些人把“无意识”②看成艺术天才

① “天才”(genius)在浪漫时代的德国特别受人崇拜。人们以为艺术家须有非凡人所可高攀的天才，才能有大成就。克罗齐以为艺术的天才是人人都有的，只是分量多寡不同，一般人的与大艺术家的天才在本质上并没有分别。

② “无意识”(unconscious)是意识所不能察觉到的心理活动。近代心理学家大半都以为“天才”是“无意识”的心理活动的成就，最显著的是弗洛伊德派的学说。

的一个主要的特性,他们又不免把天才从高到人不可仰攀的地位降低到人不可俯就的地位。直觉的或艺术的天才,像人类的每一种活动总是有意识的,否则它就成为盲目的机械动作了。艺术的天才只可以没有“反省的”意识,这反省的意识是历史家或批评家应有的进一层的意识,它对于艺术的天才却非必要[①]。

〔美学中的内容与形式〕 材料与形式(或内容与形式)的关系,像人们常说的,是美学上一个争辩最激烈的问题。审美的事实还是只在内容,只在形式,或是同时在内容与形式呢?这问题有各种不同的意义,各人所见不同,我们到适当的时候当分别提出。但是如果认定这些名词有如上文所定的意义:材料指未经审美作用阐发的情感或印象,形式指心灵的活动和表现,我们就毫不怀疑地说,我们必须排斥这两种主张:(一)把审美的事实[②]看作只在内容(就是单纯的印象),和(二)把它看作在形式与内容的凑合,就是印象外加表现。在审美的事实中,表现的活动并非外加到印象的

① “反省的意识”(reflective consciousness)是就已意识到的事物,加以反省,即由直觉进入逻辑的思考。

② “审美的”(aesthetic)一词起源于希腊文 aisthētikos,原义为“感觉”,即见到一种事物而有所知。这种知即克罗齐所谓直觉的知,与逻辑的思考有别。因此研究直觉的知识的科学叫做 aesthetic,研究概念的知识的科学叫做 logic(逻辑)。aesthetic 应译为“感觉学”,它原来毫没有“美”的涵义。但是凡是“美”的感觉都由直觉生出,所以一般人把 aesthetic 和“美学”(the science or philosophy of beauty)混为一事。本译沿用已流行的译名,深知其不妥,所以特将原义注明。又 aesthetic 也当作形容词用。这有两个意义:一是“美学的”,例如美学的原理,美学的观点,美学的学派之类;一是“审美的”,例如审美的经验,审美的态度,审美的活动之类。现在一般人常把“美学的”和“审美的”两个意义混淆起来,例如说音乐是“美学的对象”,所指的实是“审美的对象”。“美学的对象”应该指美学这门科学所研究的对象。

事实上面去，而是诸印象借表现的活动得到形式和阐发。诸印象好像是再现于表现品，如同水摆在滤器里，再现于器的另一端时，虽还是原水，却已不同。所以审美的事实就是形式，而且只是形式[①]。

从这个看法，并不能断定内容是多余的东西（它其实对于表现的事实是必要的起点），只能断定内容的诸属性并没有一种通道可转变到形式的诸属性。有时人们以为内容如果要成为审美的（这就是说，可转变为形式），必须具有某种已确定或可确定的属性。但是如果是那样，形式与内容，表现与印象，就须是二而一了。内容确可转变为形式，但是在转变之前，它就还没有可确定的属性。我们对于它一无所知。只有在它已经转变了之后，它才成为审美的内容。也有人给审美的内容下定义，说它是“引起兴趣的”东西。这话倒不是错误而是没有意义。对什么引起兴趣呢？对表现的活动吧？当然，表现的活动不会把内容提升到有形式那个尊严地位，如果它不曾在那内容上发生兴趣。发生兴趣就恰是把内容提升到有形式那个尊严地位。但是“引起兴趣”一词也被人作另一种不正当的意义用过，待下文再说。

---

① 形式与内容是文艺思想史上一个大争执。一般人以为要作品好，先要选择好内容（即题材）；批评作品的好坏也要从内容着眼。克罗齐和一般哲学家都以为艺术作品是完整的有机体，内容与形式不能分，犹如人的形体和生命不能分。艺术之所以为艺术，就在内容得到形式。未经艺术赋予形式以前，内容只是杂乱的印象，生糙的自然，我们就无从从艺术的观点去讨论它。既经艺术赋予形式之后，内容与形式混化为一个有生命的东西，我们也就无从从艺术的观点把内容单提出讨论。

〔评艺术模仿自然说与艺术的幻觉说〕 艺术是“自然的模仿”一句话也有几种意义。它有时显出(或至少暗示)一些真理,有时也产生一些误解,大半是根本没有确定的意义。把“模仿”看作对于自然所得的直觉品或表象,看作认识的一种形式,这个意义在科学上是妥当的。在这句话作如此解时,而且为着要强调这模仿过程的心灵的性质,另一句话也是妥当的:艺术是自然的理想化,或理想化的模仿。但是模仿自然[①]如果指艺术所给的只是自然事物的机械的翻版,有几分类似原物的复本;对着这种复本,我们又把自然事物所引起的杂乱的印象重温一遍,这种艺术模仿自然说就显然是错误的了。模仿实物的着色的蜡像陈列在博物馆里,只能令人站在前面发呆,却不能引起审美的直觉。幻觉和错觉与艺术直觉品的静穆境界是毫不相干的。但是如果一个艺术家把蜡人馆的内部画出来,或是一个戏剧家在台上戏作一个蜡人像的样子,我们就有心灵作用和艺术直觉品了。最后,照相术如果有一点艺术的意味,那也就由于它传出照相师的直觉,他的观点,他所要抓住的姿态和组合。如果照相术还不很能算是艺术,那也恰由于它里面的自然成分还有几分未征服而且不能割开。即便最好的相片是否能叫我们完全满意呢?一个艺术家不想在它们上面加一点润色,添一点或减一点吗?

① “模仿自然”是欧洲美学思想中很古的一个信条,它可以溯源到柏拉图的《理想国》和亚理斯多德的《诗学》,到了十七八世纪假古典主义时代,一般学者把“模仿自然”当作一个基本的信条。

〔评艺术为感觉的（非认识的）事实说——审美的形象和感觉〕　人们常说：艺术不是知识，不说出真理，不属于认识[①]的范围，只属于感觉[②]的范围。这些话的来由是在不能洞悉单纯直觉的认识性。这单纯直觉确与理性知识有别，因为它与对实在界的知觉有别。上述那些话是起于“只有理智的审辨才是知识”一个信念。我们已经说过，直觉也是知识，不杂概念，比所谓对实在界的知觉更单纯。所以艺术是知识，是形式，它不属于感觉范围，不是心理的素材。许多美学家都坚持艺术是“形象”[③]，理由也恰在他们觉得要把艺术的纯粹直觉性保持住，以便使它和较复杂的知觉的事实分清。如果他们有时也主张艺术是感觉，理由也是一样。因为如果把概念除开，把只有历史事实身份的历史事实也除开，不让它们留在艺术范围之内，剩下来的内容就只有从最纯粹，最直接的方面（这就是从生机跳动方面，从感觉方面）所察知的那么一种实在；这就无异于说，就只有纯粹的直觉品。

① “认识”（theory）：旧译一律为“理论”，甚不妥，详见第183页注①。

② “感觉”（feeling）：旧译为“感情”。这字在西文本有“触摸”的意义，“触摸所得的知觉”也还是用这个字来表示。在心理学上这字的较确定的意义是指“快”与“痛”的感觉（the feelings of pleasure and pain）。由此引申到温度感觉（例如说“我感觉冷”），再引申到情感发动时种种生理变化的感觉（例如说“她感觉害羞”，“他感觉恐惧”）。feeling大半指器官变化所生的感觉，这种感觉向来没有像对外界事物的知觉那么清楚，所以近于“知觉”（perception）而仍不是“知觉”；可是它比“感受”（sensation）又进一步，“感受”只是“感官领受”，实际上在这阶段时我们还没有“觉”，“感觉”则于“感”时即有明暗程度不同的“觉”。这“感觉”的对象有时有“情”的成分，有时却不一定有。比如我们可以说有“痛的感觉”，“冷的感觉”，“身体不适的感觉”，却不能说有这些生理状态的“感情”。参看本书第十章。

③ “形象”（appearance，Schein）：是事物本身现于感官的形状，得到这形状由于直觉。

〔评审美的感官说〕 审美的感官说[①]所由起,也在没有确定或认清表现有别于印象,形式有别于内容。

上文曾谈到有人想找出一条通道,使内容的诸属性可以转变为形式的诸属性,这个审美的感官说还是犯了同样错误。要问审美的感官是什么,其实就是问那些由感受来的印象可以而且必定进入审美的表现。这问题我们可以立刻回答:一切印象都可以进入审美的表现,但是没有哪一个印象必定要如此。但丁[②]所提升到有形式的尊严地位的不仅是"东方蓝宝石的好颜色"(视觉的印象),而且有触觉的或温度觉的印象,例如"稠密的空气"和使渴者"口更渴"的"清鲜的河流"。又有一种怪论,以为图画只能产生视觉印象。腮上的晕,少年人体肤的温暖,利刃的锋,果子的新鲜香甜,这些不也是可以从图画中得到的印象么?它们是视觉的印象么?假想一个人没有听触香味诸感官,只有视觉感官,图画对于他的意味何如呢?我们所看的而且相信只用眼睛看的那幅画,在他的眼光中,就不过像画家的涂过颜料的调色板了。

有些人虽主张某几类印象(例如视觉的和听觉的)才有审美性,其它感官的印象却没有;然而也愿承认视觉的和听觉的印象直接地进入审美的事实,而其它感官的印象虽也可进入审美的事实,却只以相关联者的资格进入。但是这种区分实在太勉强。审美的表现是综合,其中不能分别什么直接和间接的。一切印象,就其同

① "审美的感官"(aesthetic senses):旧美学家把感官分为高级的(视觉的与听觉的)与低级的(其它)两种,把高级的感官特定为"审美的感官",以为嗅触味诸感官不能审美。也有人不赞成这种看法。

② 但丁(Dante Alighieri 1265—1321):意大利伟大诗人,著有《神曲》。

经审美作用而言，就让这种综合摆在平等地位了。一个人领会一幅画或一首诗的题材，并不把它当作一串印象摆在面前，而在其中分出上下。在领会之前，所有的经过他毫无所知，正如在另一方面，反省所立的分别与艺术之为艺术也毫不相干。

审美的感官说还以另一姿态出现：就是要证明生理的器官对审美的事实为必要。生理的器官或工具不过是一群细胞，取一种特殊方式组织安排起来的，这就是说，它只是一个物理的自然的事实或概念。但是表现却与生理的事实无关。表现以印象为起点，至于印象经过怎样的生理的途径达到心里，却与表现毫不相干。随便哪一条途径都是一样，它们只要是印象就够了。

缺乏某一些器官，某一些细胞群，确能妨碍某一些印象的形成（如果没有一种有机体的弥补作用使这些印象仍可产生）。生来盲目的人不能直觉光，表现光。但是印象不仅受器官限定，也受在器官上起作用的刺激物限定。一个人从来没有海的印象，就不能表现海；正犹如一个人从来没有上等社会生活或政治漩涡的印象，也就不能表现它们。不过这并不能证明表现的作用必定倚赖刺激物或器官。它只复述我们已经知道的道理：表现须假定先有印象，特种的表现须假定先有特种的印象。此外，每一个印象在占优势时，就排斥其它印象，每一个表现品也是如此。

〔艺术作品的整一性与不可分性〕　表现即心灵的活动这个看法还有一个附带的结论，就是艺术作品的不可分性。每个表现品都是一个整一的表现品。心灵的活动就是融化杂多印象于一个有机整体的那种作用。这道理是人们常想说出的，例如“艺术作品须有整一性”，“艺术须寓变化于整一”（意思仍然相同）之类肯定语。表现即综合杂多为整一。

我们常把一个艺术作品分为各部分,一首诗分为景、事、喻、句等,一幅画分为单独的形体与实物、背景、前景等;这似与上文所说的不相容。但是作这种区分就是毁坏作品,犹如分有机体为心、脑、神经、筋肉等等,就把有生命的东西弄成死尸。有些有机体分割开来固然仍可生出许多其它有生命的东西,可是在这种事例中,我们如果仍把有机体来比喻艺术作品,就必须作这样的结论:在艺术作品中也有许多生命种子,其中每一个都可以在一顷刻中化成一个单一而完整的表现品。

某表现品有时也许可以说是起于一些其它表现品。表现品有简单的,有复杂的。阿基米德[①]表现他在发明一个科学真理时的欢欣所用的"我懂得了!"这一句简单的话,比起一部正规悲剧的最有表现性的一幕(实在说起来,所有的五幕)有一点分别,我们似应承认。其实它们毫无分别。表现品总是直接地起于印象,构思一部悲剧者好像取大量的印象放在熔炉里,把从前所构思成的诸表现品和新起的诸表现品熔成一片,正犹如我们把无形式的铜块和最精彩的小铜像同丢在熔炉里一样。那些最精彩的小铜像和铜块一样被熔化,然后才能铸成一座新雕像。旧的表现品必须再降到印象的地位,才能综合在一个新的单一的表现品里面。

〔艺术作为解放者〕 人在他的印象上面加工,他就把自己从那些印象中解放了出来。把它们外射为对象,人就把它们从自

① 阿基米德(Archimedes):公元前3世纪希腊的大数学家和自然科学家。

己里面移出来，使自己变成它们的主体。说艺术有解放的和净化的作用，也就等于说“艺术的特性为心灵的活动”。活动是解放者，正因为它征服了被动性。

这也可以说明人们何以通常说艺术家们一方面有最高度的敏感或热情，一方面又有最高度的冷静，或奥林匹亚神的静穆[①]。这两种性格本可并行不悖，因为它们所指的对象不同；敏感或热情是指艺术家融会到他心灵机构里去的丰富的素材，冷静或静穆是指艺术家控制和征服感觉与热情的骚动所用的形式。

① “奥林匹亚神的静穆”（Olympic serenity）：据希腊神话，文艺之神阿波罗（Apollo）居奥林匹斯山的高峰，凭视人寰，一切事物经过他的巨眼的光辉，才得到形象，他对于悲欢美丑，一例观照，无动于衷。有人以为古典派的文艺理想就是这种“静穆”。

第三章　艺术与哲学

〔理性的知识不能离直觉的知识〕　审美的与理性的(或概念的)两种知识形式固然不同,却并不能完全分离脱节,像两种力异向牵引那样。我们虽已说明审美的知识完全不倚靠理性的知识,却并没有说理性的知识可脱离审美的知识而独立。如果认为这种独立是双方面的,那便不正确。

概念的知识是什么呢?它是诸事物中关系的知识,而事物就是直觉品。概念不能离直觉品,正犹如直觉自身不能没有印象为材料。直觉品是:这条河,这个湖,这小溪,这阵雨,这杯水;概念是水,不是这水那水的个例,而是一般的水,不管它在何时何地出现;它不是无数直觉品的材料,而是一个单一常住的概念的材料①。

但是概念在一方面虽不复是直觉,在另一方面却仍是直觉,而且不能不为直觉。人在思想时,只就他在思想一事实来说,有各种印象和情绪。他的印象和情绪不是一个身非哲学家的人所有的,

① 这就是哲学上"个例"与"公性"佛典中"自相"(殊相)与"共相"的分别;孟子所说的"白马之白无以异于白玉之白"也是指这个分别。这匹马或这块玉的白色,在一时一地眼可见到的白色,是个例或自相,它由感受起印象,生知觉。一切白马及白玉的白,与一切白色物的白,在白之所以为白上相同,是公性或共相,它是由理智分析与综合所得的概念,可适用于任何时任何地任何白色物的普遍属性。

不是对于某物某人的爱或恨，而是他的思想本身的奋发振作，以及连带的艰苦和欢欣，爱和恨。这种奋发振作在成为心灵的观照对象时，不能不取直觉的形式。说话不一定就是依逻辑去思想，而依逻辑去思想却同时还是说话。

〔评对本说的反驳〕　思想不能离语言而存在，这是公认的真理。凡是反驳本说的话都起于一些混淆与错误。

比如有人说：人们也用几何的图形，代数的数字，写意的符号去思想，不用一个字，纵然是默念的连自己都不很觉得的字都不用，有些语文的文字音符并不表示什么，只是写下来的符号才有所表示。如此等类的话就是犯了混淆。我们在用"说话"的字眼时，本是用推喻义，就是指一般的"表现"，我们已经说明表现并不限于文字的。说有些概念可以不用发字音去想，这话也许对，也许不对。但这话的例证也可以证明那些概念从来不能离表现而存在。

另外有些人指出，动物或一部分动物运思推理，用不着说话。动物是否想，如何想，想什么，它们是否是雏形的人，如未开化的野蛮人一般，而不是一些生理的机械（像古时心灵主义者所想的），这一类问题在这里与我们不相干。哲学家谈到动物的、兽性的、冲动的、本能的性格之类时，他并不根据对于狗或猫，狮或蚁的揣测，而是根据对人类自己的叫做动物的和兽性的方面的观察，即我们人类在自身所感觉到的动物面或动物层的东西。如果个别的动物，猫或狗，狮或蚁，也具有一点人类的心灵活动，那对于它们是好是坏，我们不知道。这就是说，提到它们，我们应该不谈"天性"的全体，而只谈其中的动物层，这动物层的天性在动物比在人类或许较广大较强烈些。如果我们假设动物能用思想，能形成概念，我们凭什么揣测，说它们作这些活动不用相应的表现语文呢？和人类的比较，心灵方面的知识，人类心理学——这是我们对于动物心理学的一切揣测的依据——都使我们不得不作相反的假设：如果动物以任何方式去思想，它们也多少要说话（运用语文）。

另一个反驳是从人类心理学（实在是文艺心理学）来的，据说概念可离文字而存在，因为我们确实知道有一些书想得好而写得坏。这就是说，有些思想存于表现之外，或是尽管表现的语文不佳而思想仍存在。但是我们说某些书想得好而写得坏，只能指在这些书里有某些部分、某页、某段或某句想得好而写得也好，其它部分（也许是最不重要的）却想得坏而写得也坏，没有真正想好，所以也就没有真正表现出来。拿维柯[①]的《新科学》一书来说，真正写得坏的地方也就根本没有想得好。如果放开大部头著作不谈，且专看一个短句，我们就可马上见出这种反驳是错误的。一个单句如何能想得清楚而写得含糊呢？

我们只能承认：我们的思想（概念）有时是具直觉形式的，而这种直觉形式是一种简化的或特殊的语文表现，对于我们自己是够清楚的，但是传达给别人就还不够清楚。说我们能离语文表现而有思想，那是错的，我们应该说：我们实在有语文表现，不过它所取的形式是不易传达于别人的一种。这也只是一个有程度差别的相对的事实。世间常有些人能抓住飘忽的思想，宁愿让它留在这种

① 维柯（Giovanni Battista Vico 1668—1744）：18世纪意大利哲学家，克罗齐最为推崇，自认他的思想渊源于维柯。《新科学》（*Seienza Nuova*）就是讨论美学与哲学问题的一部名著。

简化的形式里，别人所需要的较详明的阐发反而使他们厌倦[①]。这就是说，那思想如果抽象地逻辑地去看总是一样的；不过从审美的方面说，我们所讨论的是两种不同的直觉表现品，每种里面各有不同的心理的原素。这个道理可以打消——其实也就是正确地解释——内蕴语言与外观语言的仅仅来自经验的分别。

〔艺术与科学〕　直觉知识与理性知识的最崇高的焕发，光辉远照的最高峰，像我们所知道的，叫做艺术与科学。因此艺术与科学既不同而又互相关联；它们在审美的方面交会。每个科学作品同时也是艺术作品。人心在集中力量要了解科学家的思想，衡量它的真理时，也许很少注意到审美的那一方面。但是如果我们由理解的活动转到观照的活动，就会看到那思想不外两种：不是明晰、精确、完美地在我们面前展开，没有太过或不及的字句，而有恰当的节奏和音调，就是含糊零乱、没有把握、带尝试性的；在这时候我们就会注意到科学思想的审美的方面了。大思想家有时也叫做大作家，而其他同样大的思想家却只有几分是零星片段的作家，尽管他们的零星片段的著作比起谐和联贯而完美的著作，在科学上的价值是相同的。

〔内容与形式的另一意义。散文与诗〕　思想家和科学家们在文学方面的平庸是可以容忍的。他们的零星片段，他们的突然的闪耀，可以弥补全体的缺陷，因为用“以一反三”的办法，就像在火星中看出火焰一样，很容易在天才的片段著作中找出安排停匀的布局，而发见天才却比这难得多。但是在纯粹的艺术家们的

① 近代象征派诗人是最好的例。中国魏晋人玄谈，也往往以简隽见高远。

作品中,平庸的表现是不可以容忍的。“诗人的平庸不但是人神共嫉,连书贾也不能容。”[①]

诗人或画家缺乏了形式,就缺乏了一切,因为他缺乏了他自己。诗的素材可以存在于一切人的心灵,只有表现,这就是说,只有形式,才使诗人成其为诗人。这也足见否认艺术只在内容,是正确的,内容在这里就指理智的概念。在把内容看成等于概念时,艺术不但不在内容,而且根本没有内容。这是毫无疑问的真理。

诗与散文的分别也不能成立,除非把它看成艺术与科学的分别。古人早已看出这分别不能在节奏、声调、有韵无韵之类[②]外表的成分;它是内心方面的分别。诗是情感的语言,散文是理智的语言;但是理智就其有具体性与实在性而言,仍是情感,所以一切散文都有它的诗的方面。

〔第一度与第二度的关系〕 直觉的知识(表现品)与理性的知识(概念),艺术与科学,诗与散文诸项的关系,最好说是双度的关系[③]。第一度是表现,第二度是概念。第一度可离第二度而独立,第二度却不能离第一度而独立。诗可离散文,散文却不能离诗。人类活动的最初的实现就在表现。诗是“人类的母传语言”[④],原始人“生来就是雄伟的诗人”。换句话说,由动物的感受

① 引拉丁诗人贺拉斯的《诗艺》中的话。

② 亚理斯多德在《诗学》里就已说明诗与散文的分别不在音律形式方面。

③ “双度”(double degree):克罗齐把知的心灵活动依出现的先后次第分为第一度(first degree),即直觉,和由此进一步的第二度(second degree)即概念。直觉可以离概念,概念却必先经过直觉。

④ “母传语言”(mother tongue)意为生下来就从母亲学得的语言,普通叫做“国语”。

到人的活动，由物欲之心到人理之心的转进，要归功于语言，这就是要归功于一般直觉品或表现品。不过如果把语言或表现品看成自然与人道的中间连锁，看成好像是自然与人道的混合，那也是不正确的。人道出现了，自然就退了位，人在表现他自己时，确是从自然状态的深渊里涌现出来，但是既已涌现出来，就不是半在水底，半在水面，像“中间连锁”一词所暗示的。

〔知识没有其它形式〕　在上述两种之外，认识的心灵活动[①]没有其它形式。表现与概念两项就结清了它的账目。人的全部认识生活就在表现与概念这双度活动中翻来覆去。

〔历史——它与艺术的同异〕　认历史为第三种认识的形式，是不正确的；历史不是形式，只是内容：就其为形式而言，它只是直觉品或审美的事实。历史不推寻法则，也不形成概念；它不用归纳，也不用演绎，它只管叙述，不管推证；它不建立一些共相和抽象品，只安排一些直觉品。“这个”和“这里”，全然有确定性的个体，才是历史的领域，正如它是艺术的领域。所以历史是包涵在艺术那个普遍概念里面的。

第三种认识的形式既不可思议，于是人们对我们的主张又提出另一些反驳，以为历史应附庸于理性的或科学的知识。这些话大半起于一种偏见，以为否认历史有概念的科学的特性，就不免减

① “认识的心灵”(cognitive spirit)：克罗齐所用的 lo spirito，英译即用 spirit，中译通常为“精神”。这个字与德文的 Geist 相同，与英文 mind 相当，应译为“心”或“心灵”。spirit 源于拉丁，本意为“呼吸”。古人迷信人的神魂就是呼吸的气，人死了，气断了，神魂就随之飞散，因此 spirit 又有“神魂”的意思。

低了历史的价值和尊严。这实在由于误解艺术,以为它不是一种重要的认识作用,而只是一种娱乐,一种多余的而且轻薄的东西。我们不想再提这个老辩论,我们认为它已告终结了,而只提一下人所常说的一个戏论[①],说历史仍有逻辑性和科学性。它的要旨在承认历史的知识以个别事物为对象,但是补充一句,说这并不是个别事物的表象而是它的概念。从此,它就推论到历史也是逻辑的、科学的知识。它认为历史要寻出像查理大帝或拿破仑那样一个人物,像文艺复兴或宗教改革那样一个时代,像法国革命或意大利统一那样一件事变的概念。这种工作据说就像几何学要寻出空间形状的概念,美学要寻出表现的概念一样。这些话全是错误的。历史只能把拿破仑和查理大帝,文艺复兴和宗教改革,法国革命和意大利统一,当作具有个别面貌的个别事物再现出来:这就是取逻辑学者在说我们对于个别事物不能有概念只能有表象(再现于心理的形象)的时候所用"再现"[②]一词的意义。所谓个别事物的概念总不免是一个共相或普遍概念,尽管充满着特性,充满着极丰富的特性,但是仍不能具有只有历史知识在同时是审美知识时才有的那种个别性。

要表示历史的内容与狭义的艺术的内容如何分别,我们须重提关于直觉(即第一度知觉)的意象性[③]所说过的话:在直觉里一

① "戏论"(sophism):意为故作离奇的议论,用佛典中"戏论"一词来译很妥。戏论是不正确的推理结果。

② "再现"(represent):参见本书第138页注①,再现所得的为表象。

③ "意象性"(ideal nature):idea源于希腊文,意指心眼所见的形象(form),一件事物印入脑里,心知其有如何形象,对于那事物就有一个idea,所以这字与"意象"的(image)意极相近。形容词是ideal。艺术的特性也是ideal,因为它所给的是具体的形象。

切都是实在的，所以没有一件事物是实在的。只是到较后的阶段，心灵才分出外表的与内在的，所希望的与所想象的，主体与客体(对象)之类的概念[①]。只有在这较后的阶段，心灵才分辨历史的与非历史的直觉品，真实的与非真实的，有真实根据的想象与纯粹的想象。就连内心的，希望的与想象的东西如空中楼阁，意境河山，也都有它们的真实性，而心灵也有它的历史。每个人的幻觉也作为真实的事实而组成他的生命史的一部分[②]。但是个人的历史之所以为历史，则由于它里面常起真实的与非真实的分别，尽管他的幻觉本身也还是真实的。但是这些有分辨性的概念出现在历史里面，却不像科学里面的概念，而是像我们说过的那些分解熔化于审美的直觉品里面的那些概念，虽然它们在历史中自有一种特殊模样。历史并不建立真实与非真实的概念，只是利用它们。历史并非历史的理论。光是概念式的分析并无补于确定我们的生命史中某一事件是真实的还是想象的。我们必须把诸直觉品在心中加以再现，如同它们原来初现时那样完整。从具体方面说，历史之有别于纯粹的幻想，正如一个直觉品之有别于任何另一直觉品[③]，就在于历史是根据记忆的。

〔历史的批评〕 如果用记忆不能分别历史与纯粹的幻想，

① “对象与主体”(object and subject)：我们所知所想所应付的事物是“知”“想”“应付”这些活动的“对象”，作这些活动的主人叫做“主体”，在文法上这分别通常叫做“宾词”与“主词”。这两字的形容词通常译为“客观的”与“主观的”。

② 凡是发生过的都是实在的，幻想还是在心里发生过的事实，所以有它的实在性；历史记录已发生的事实，所以一个人的生命史也要包含他的幻想在内。

③ 克罗齐的历史哲学在他的《历史学》里说得比较详明，宜参看。这里所说的只是粗枝大叶。

如果真实与非真实的两类直觉品的微妙隐约的分别不易捉摸以至相混，我们就只有两个办法可选择：或是至少暂时承认不知道事实经过的真相（我们常这样办），或是揣测其近似与或然。近似与或然两原则其实支配了一切历史的批评。探讨来源与所据权威，用意在建立最可信的证据。除掉最优越的观察者，这就是说，除掉记得最清楚，不想淆乱是非，而也没有利害打算需要淆乱是非（这是须默认的）的那一些人，还有什么最可信的证据呢？

〔历史的怀疑主义〕 因此，理智主义者的怀疑主义很容易否认任何历史的确实性，因为历史的确实性和科学的确实性不同。它是根据记忆和权威的确实，而不是根据分析与推证的确实。说起历史的归纳或推证，那只是用这两词的譬喻义；在历史里用这两词，和在科学里用它们并不相同。历史家和陪审官一样，他的信心是不能用推论证明的，他审询了证人。细心听了双方口供，祷告了上帝给他灵感。无疑的他有时不免错误，但是抓住实情时多，错误时极少。因为这个道理，正确的不是理智主义者而是一般具有常识的人。具有常识的人都信任历史，不把它当作"大家同意的虚构的故事"，而当作个人与全人类对于他们的过去所记忆的东西。我们尽量扩充这记录，而且使它尽可能地精确，它在某些地方是渺茫的，在另一些地方却是很明确的。就是这样的历史，我们不能没有它；而且就大体说，它也很富于真理。一个人只能在故作怪论的心情之下，才会怀疑到世间曾经有过一个希腊、一个罗马、一个亚历山大、一个恺撒、一个被一系列革命推翻的封建制度欧洲；才会怀疑到 1517 年 11 月 1 日路德的条文贴在威敦堡的教堂门上，或是 1789 年 7 月 14 日巴黎人夺取了巴士底狱。

“对于这一切，你有什么凭证呢？”诡辩者带讥讽的口气问。人类回答道：“我记得它。”

〔哲学为完善的科学，所谓自然科学和它们的局限性〕

曾经发生过的具体的史实的世界就是叫做实在的自然的世界，这定义把叫作物理的实在界和叫作心灵的人的实在界都包括无遗了。世界全是直觉品，其中可证明为实际存在的，就是历史的直觉品；只是作为可能的，或想象的东西出现的就是狭义的艺术的直觉品。

科学，真正的科学，不是直觉品而是概念，不是殊相而是共相，它只能是心灵的科学，即是研究实在界具有如何共相的科学：那就是哲学[①]。如果离开哲学来谈自然科学，我们就要说自然科学不是完善的科学，而只是一些知识的杂凑，勉强抽象而凝定的。所谓自然科学自己也承认有种种局限性，而这些局限性就不外是它们要根据历史的和直觉的资料。自然科学计算，测量，确定相同点和一致性，创立类和类型，抽绎法则，用它们的那套办法说明一个事实如何起于其他事实；但是在做这种工作时，它们不断地碰上一些直觉地历史地知觉到的事实。连几何学现在也说它自己完全站在假设上面，因为三度空间或欧几里得空间[②]只是许多可能的空间

① 哲学与科学许多人以为是对立的，其实一切运用理智作分析，综合，推理以求真理（概念，原则）的活动都可以叫做“哲学”，也都可以叫做“科学”。“知”有许多种类，每一类的“知”是一科学问，所以有“科学”的名称。依克罗齐看，只有哲学才是真正的完善的科学，因为它所用的完全是逻辑的推理，所研究的完全是万事万物的共相，所得到的完全是可推证的原理大法（概念）。所谓“自然科学”只是经验科学，还要靠由感官得来的个别事物的知觉，还要假设一些概念如“原子”“能力”之类，这些概念本身尚待证明，由它们推断出来的结论当然也还是尚待证明的。

② 欧几里得（Euclid），公元前3世纪希腊教学家，对于物理学多所贡献。

之一，为方便计而选出来研究的。自然科学中的真理不是哲学，就是史实。它们所含的真正可称为“自然”的那一部分只是抽象的和牵强的。自然科学如果想变成完善的科学，它们必须跳出自己的圈套而进入哲学。自然科学在设立没有任何“自然”色彩的概念，例如没有体积的原子、以太或震动、生力、不由直觉得来的空间之类的概念时，它们就已进入哲学了。这些如果不是一些无意义的字，就是探求哲学的真正尝试。自然科学的概念固然也很有用，但是我们不能从这些概念得到只属于心灵的那一个学理体系。

还不仅此，自然科学不能取消这些历史的和直觉的资料，这一事实不仅可以说明当知识增进时，从前所信以为真的东西何以逐渐降为神话的信仰和虚幻的错觉，还可以说明在自然科学中何以有些人把他们的科学中一切思考的根据都叫做“神话的事实”，“文字的方便”，“约定俗成的东西”。自然科学家和数学家们如果没有准备，就来研究各种心灵的能力，常不免把他们的心理习惯带进来，在哲学中也谈这个那个约定俗成的东西为“人所制定的”。他们把真理和道德，把心灵本身，都看成“约定俗成的东西”！但是有约定俗成的东西，就应有不是约定俗成的东西，作为约定俗成的东西的造作者。这就是人的心灵的活动。自然科学的局限性要假定哲学的无局限性。

〔现象与本体〕 这些说明已经确立了纯粹的或基本的知识形式有两种：直觉与概念——艺术与科学或哲学。历史介乎二者之间，它好像是摆在概念一起的直觉的产品：即一方面把一些哲学的分别接受过来，一方面仍是具体的和个别的艺术产品。一切其它形式的知识(自然科学与数学)都不纯粹,因为夹杂有起于实践的外来的成分。直觉给我们的是这世界,是现象;概念给我们的是本体,是心灵[1]。

① 现象与本体:这两个名词对不同的哲学派别就有不同的意义。比如说,康德以为我们所知道的都是现象,而现象后面的本体,我们却无法知道。依克罗齐,用直觉知道的是现象,用推理知道的是本体。

第四章　美学中的历史主义与理智主义

既已确定了直觉的或审美的知识与其它形式（基原的或派生的）知识的关系，我们现在就可以指出已经或仍在以美学理论的资格出现的一些学说的错误。

〔评合理说与自然主义〕　把艺术的普通要求与历史的特殊要求混淆起来，就产生了艺术以“合理”[①]为目的这一学说（这学说现已失势，从前曾盛行）。像错误的前提常有的情形一样，采用“合理”这个概念的人们的本来用意，无疑的比他们所下的定义为妥。“合理”通常指表象的艺术联贯性，这就是它的完整，有为，活灵活现。如果拿“联贯的”来换“合理的”，用这词的批评家们的讨论、例证和判断就会见出很正当的意义。一个不合理的人物，不合理的喜剧收场其实只是写得坏的人物，布置得坏的收场，没有艺术动机的一些情节。有人说得很对，连神仙鬼怪也要合理才好，它们

① “合理”（probability）：这词源于拉丁，与“证明”（prove）一词同根，凡是不能说必定而却可以理证其为当然的都是 probable。在文艺方面，人物故事尽管是虚构，尽管有时涉及神仙鬼怪，妄诞不经，而人物仍须符合所要写的性格，故事仍要首尾联贯，没有自相矛盾处，这就是“合理的”。“合理的”就是“当然的”。

必须真的是神仙鬼怪，必须是联贯的艺术的直觉品。有时拿来代替“合理的”字样的是“可能的”。我们已经约略说过，“可能的”是和“可想象的”或“可直觉的”同义。一切真正联贯地想象出来的东西都是可能的。但是也有许多批评家和理论家把“可能的”当作“于史可信的”，或是不可推证而可揣测的，不是真实的而是合理的那样一种历史的真实。这些理论家认为艺术的性格就是如此。谁不会想起根据合理说的批评在文学史上占过多么大的地位呢？比如说，根据十字军东征史来指责《被解放的耶路撒冷》[1]，或是根据当时当然有的习俗来指责荷马史诗[2]。

有时人们主张艺术须为历史上存在过的自然事实的翻版。这是模仿自然说的另一个错误的方式。逼真主义与自然主义还有一点也是混淆审美的事实与自然科学的程序的，就是想做成一种“实验的”戏剧或小说。

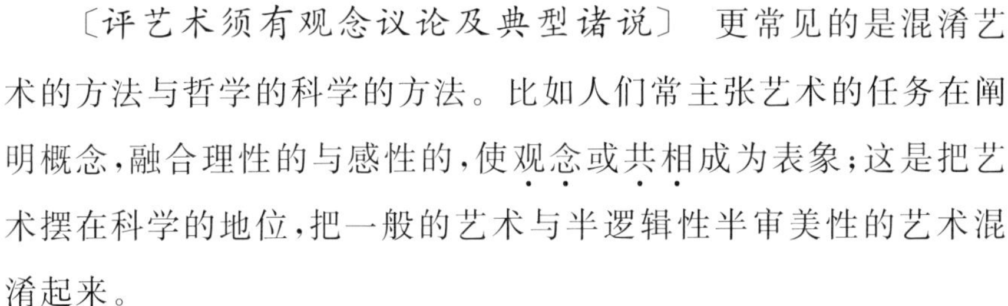

〔评艺术须有观念议论及典型诸说〕　更常见的是混淆艺术的方法与哲学的科学的方法。比如人们常主张艺术的任务在阐明概念，融合理性的与感性的，使观念或共相成为表象；这是把艺术摆在科学的地位，把一般的艺术与半逻辑性半审美性的艺术混淆起来。

另一学说以为艺术是维护某些论点的，以个别表象例证科学

---

[1] 《被解放的耶路撒冷》(*Jerusalem Delivered*)：意大利 16 世纪大诗人塔索(Tasso 1544—1595)的著名史诗，叙述十字军解放基督教圣地的故事。

[2] 荷马史诗指《伊利亚特》和《奥德赛》两部史诗。前诗叙述希腊大军渡海到小亚细亚围攻特洛伊要夺回海伦的十年战争，后诗叙述希腊一位将领俄底修斯在战后航行十年回国的经过。

的定律。这也可用同样方法证明是错误的。例证就其为例证而言，代表所例证的东西，因此它是共相的阐明，也就是科学的一种形式，不过多少经过通俗化。

关于"典型"①的美学理论也是如此，如果典型是指——它本来常指——抽象的概念，而这理论主张艺术应使总类在个体中显现出来。如果这里"个体"就是"典型"，那只是文字上的同事异名。典型化在这种情形之下应即指个性化，就是使个体得到定性和表象。堂吉诃德②是一个典型；但是他是什么的典型呢？除非一切像他的那些人物的典型？他决不是一些抽象概念的典型，例如现实感觉的迷失，或是对于荣誉的羡慕。无数人物都可纳于这些概念中，而却不是堂吉诃德类的人物。换句话说，在一个诗人的表现品中（例如诗中的人物），我们看到自己的一些印象完全得到定性和实现。我们说那种表现品是典型的，我们的意思就无异于说它是艺术的。有时人们提起"诗的或艺术的共相"，那只显示艺术品完全是心灵的和形象的。

〔评象征与寓言〕 继续纠正错误，或排去误解，我们也要提到象征③有时被认为艺术的精华。如果认为象征与艺术的表现不可分离，象征就与表现本身同义，表现总离不了形象性。艺术并没

---

① "典型"（type）：从个例可见共相的人物。例如莎士比亚的夏洛克，巴尔扎克的葛朗台虽都是个别的角色，可以见出一切守财奴的特点，就是守财奴的"典型"。

② 堂吉诃德（*Don Quixote*）是西班牙大作家塞万提斯（Cervantes 1547—1616）的名著，也是近代欧洲的第一部长篇小说。书中主人翁堂吉诃德醉心于浪漫的骑士风，带了一个现实主义的仆人桑丘到处寻求奇遇，闹了很多笑话。它的主旨是讥嘲封建时代浪漫的骑士风。

③ "象征"（symbol），一件实物可代表或暗示一个抽象概念。叫做"象征"。

有两重基础，只有一个基础，在艺术中一切都是象征的，因为一切都是形象的。但是如承认象征可分离独立，一方面是象征，一方面是所象征的东西，我们又回到理智主义的错误了；所谓象征是一个抽象概念的阐明，一个“寓言”[①]；那是科学，或是艺术模仿科学。但是我们对寓言也要公允。它有时是绝无妨害的。有了《被解放的耶路撒冷》，其中寓言是后来想象出来的；有了马里诺的《阿多尼斯》[②]，后来那位淫荡派诗人才说那首诗原意在说明“过渡的淫逸以痛苦终场”；有了一座美人的雕像，雕刻家可以在上面贴一个标签，说它代表“仁慈”或“善”。这种寓言在事后附加到作品上去，并不改变那艺术作品本身。它究竟是什么呢？它只是一个表现品从外面附加于另一表现品，一小页散文加到《被解放的耶路撒冷》上面，表现诗人的另一个意思；一句或一章加到《阿多尼斯》上面，表现诗人想要他的一部分读者相信的东西；对于那雕像，那只是加上一两个字：“仁慈”或“善”。

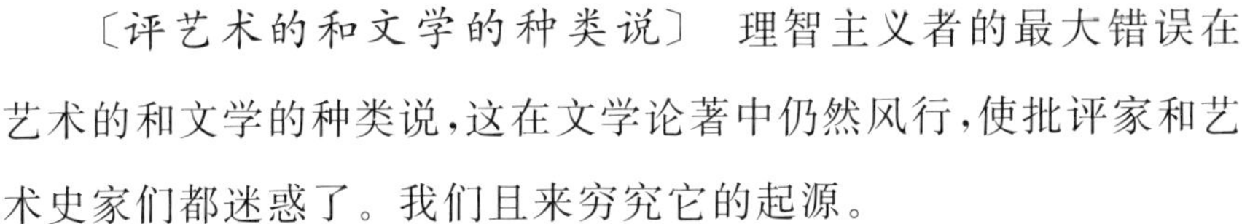

〔评艺术的和文学的种类说〕　理智主义者的最大错误在艺术的和文学的种类说，这在文学论著中仍然风行，使批评家和艺术史家们都迷惑了。我们且来穷究它的起源。

人的心灵能从审美的转进到逻辑的，正因为审美的是逻辑的初步。心灵想到了共相，就破坏了表现，因为表现是对于殊相的思

① “寓言”(allegory)：一个故事后面带有一种伦理政治宗教或哲学的意义，叫做“寓言”。

② 马里诺(Marino 1569—1625)：意大利诗人，写过一首长诗《阿多尼斯》(*Adone*)，以浮华俗艳著名。

想。心灵可以把一些表现的事实集合在一起,见出逻辑的关系。我们已经说过,这作用也可以借表现而变为具体的,但是这并非说,原有的那些表现品不曾破坏,不曾让位给新起的审美与逻辑混合的表现品。我们踏上了第二阶段,就已离开第一阶段了。

一个人走进一个画馆,或是读一类诗篇,看了读了,还可以进一步找出那里所表现的那些事物的性质和关系。因此,那些画和诗虽各是个别形象,不能用逻辑的术语来说,却渐渐分解成为一些共相和抽象品;例如"服装"、"风景"、"画像"、"家庭生活"、"战事"、"动物"、"花卉"、"果实"、"海棠"、"湖"、"沙漠"、"悲剧的"、"喜剧的"、"起怜悯的"、"残酷的"、"抒情的"、"史诗的"、"戏剧的"、"骑士风的"、"田园的"之类。它们又往往化成一些以量分的种类,例如"小像"、"小雕像"、"一群人物"、"短章情诗"、"民歌"、"十四行诗"、"十四行诗组"、"诗"、"诗篇"、"故事"、"传奇"之类①。

我们既在想到"家庭生活","骑士风","田园",或"残酷"之类概念,或是想到上述某一个量的概念时,我们就已丢开在出发时所依据的个别的表现事实了。我们原是审美者,现在却变成逻辑学者;原是表现品的观照者,现在却变成推理者。这种转变当然无可反对。有什么其它方法能使科学起来呢?科学虽先假定有审美的表现品为基础,却必须超过这些表现品,才能完成它的功能。逻辑

① 种类(kinds,genres)的观念在各国都很盛行,例如中国诗分古、律、绝、四言、五言、七言、杂言、乐府、歌行、宴享、游历、酬赠之类。这种分类其实只是一种实用上的方便,往往没有逻辑的根据。

的或科学的形式，就其为逻辑的或科学的而言，必排斥去审美的形式。一个人开始作科学的思考，就已不复作审美的观照；虽然他的思考也终必取一个审美的形式，如前所述，无须再说。

错误起于我们想从概念中抽绎表现品出来，从代表者之中找出所代表事物的法则；没有认清第一阶段和第二阶段的分别，因而实已站在第二阶段而自以为仍在第一阶段。“艺术与文学的种类说”就是犯了这个错误。

如果把一些附加的东西除开，把文艺的种类说化成一个简单的公式，它所提出的就是这样一个荒谬的问题：“家庭生活，骑士风，田园，残酷之类的审美的形式是什么呢？这些内容应如何成为表象呢？”凡是寻求种类的法则或规律，都要归结于这个公式。家庭生活，骑士风，田园，残酷之类，并非一些印象而是一些概念。它们并非内容，而是逻辑审美混合的形式。形式是不能表现的，因为形式本身就已是表现。残酷，田园，骑士风，家庭生活之类名词是什么呢，除非是这些概念的表现？

这些区分之中最精微而最有哲学面貌的也经不起批评；例如把艺术作品分为主观的与客观的两种，分为史诗的与抒情诗的，分为表现感觉的作品与装饰的作品。在美学的分析中，要把主观的与客观的，抒情的与史诗的，感觉的形象与事物的形象分开，都是不可能的。

〔判断艺术时由种类说所生的错误〕　艺术的和文学的种类说产生了一些错误的判断和批评，因此碰见一个艺术作品，不问它是否有表现性，不问它表现什么，也不问它是否把话说好，还是口吃，还是完全哑口无声，而只问它是否遵照史诗或悲剧的规律，历史画或风景画的规律。艺术家们尽管在口头上假装同意，或表示不由衷的服从，其实都把这些种类的规律抛到脑后。每一个真正的艺术作品都破坏了某一种已成的种类，推翻了批评家们的观念，批评家们于是不得不把那些种类加以扩充，以至到最后连那扩充的种类还是太窄，由于新的艺术作品出现，不免又有新的笑话，新的推翻和新的扩充跟着来。

还有一些偏见也是从这种类说生出来的。有一个时代（这是否真正过去了呢？）人们由于这些偏见，常惋惜意大利没有悲剧（一直到一位作者[①]崛起，在意大利的光荣的头上加上它的装饰中的唯一缺乏的花圈），法国没有史诗（一直到《亨利亚德》[②]出现，润了一润批评家们的渴喉）。对新种类的创始者的赞扬也与这些偏见有关，以至于在17世纪"仿英雄体"[③]的创始像是一件大事，它的荣誉还被人争来夺去，好比美洲的发现。但是戴着这个头衔的一些作品（例如《桶的强夺》和《神的侮慢》[④]）生下地就是死的，因为它们的作者（稍微差一点事）并没有什么新的或独创的东西可说。

① 意大利的悲剧作者指阿尔菲里（Vittorio Alfieri 1749—1803），他作了十九部悲剧，大半属古典型。

② 《亨利亚德》（*Henriade*）：18世纪法国文豪伏尔泰（Voltaire）的长诗，赞扬法皇亨利第四的功绩。

③ "仿英雄体"（mock-heroic）：史诗大半用"英雄体"（heroic verse）。在希腊拉丁为每行六音节，在英文为无韵五音节格。史诗之称英雄诗，因为叙述的是英雄故事。假古典主义时代诗人喜作"仿英雄体诗"。

④ 《桶的强夺》（*Secehia Rapita*）是意大利诗人塔索尼（Tassoni 1565—1635）的仿英雄体诗。《神的侮慢》（*Scherno degli Dei*）是意大利诗人勃腊契阿里尼（Bracciolini 1566—1640）的仿英雄体诗。两诗都不著名。

一班庸人绞脑浆要去勉强创出新种类。“牧歌体”[①]之外还加上“渔歌体”，最后又加上“军歌体”。《阿明达》[②]下水浸了一下，就变成《亚尔契奥》[③]。最后有一批艺术史家与文学史家被种类的观念陶醉了，声称要写一种历史，不是叙述个别的真正文艺作品，而是叙述叫做“作品的种类”的那些空洞的幻影；不是写“艺术心灵的生展”，而是写“种类的生展”[④]。

要谨严地说明和确定艺术的活动向来做的是什么，而纯正趣味向来认可的是什么，这就是对于艺术与文学的种类说加以哲学的驳斥。纯正趣味和真正事实，当其化成一些公式时，往往不免带着一些离奇论调的色彩，这是无足怪的。

〔种类区分的经验的意义〕　谈到悲剧、喜剧、戏剧、传奇、日常生活画、战事画，风景画、海景画、诗、小诗、抒情诗之类，如果用意只在使人粗略地了解某一类作品，或是为着某种原因，要引起人对于某一类作品注意，这在科学的观点上也并不算错。运用术语并不是制定规律和界说。错误只在把科学的界说的重量加于一个术语上面，而且茫然自堕于术语的迷网。请让我作一个譬喻。一个图书馆里的书籍总要用某一种方法去安排。这在从前通常是

---

① “牧歌体”（pastoral，eclogue）：公元前 3 世纪希腊诗人第阿克里塔斯（Theocritus）创“牧歌体”，拉丁诗人维吉尔（Virgil 70—19）也做了一些牧歌，后来有许多诗人仿效。

② 《阿明达》（*Aminta*）：意大利诗人塔索的田园诗剧，不甚成功。

③ 《亚尔契奥》（*Alceo*）：意大利诗人福斯科洛（Ugo Foscolo 1778—1821）的一部不甚成功的诗。

④ “种类的生展”：法国 19 世纪文学批评家勃吕纳节（Brunetière 1849—1906）曾著一书述“种类的生展”（evolution des genres）。

依门类作一个粗略的分类（在这中间，“杂书”和“怪书”的名目也不少见）；它们现在通常是依面积或出版家来分别安排。谁能否认这些安排的必要性和用处呢？但是如果有人郑重其事地在杂书和怪书中，在甲书店或乙书店出品中，在甲架或乙架中，这就是说，在只为着实用而勉强安排的组别中，讨探它们的文学的规律，我们怎么说呢？可是如果有人想做这样的事，他也就恰像那班讨探审美规律的人，认为这些规律必可统辖文学和艺术的种类。

第五章　史学与逻辑学中的类似错误

要加强上章一些批评的话，我们最好瞧一瞧由于不明白艺术的真正性质，以及它和历史与科学的关系所起的类似的反面错误。这些错误对于历史原理与科学原理，即历史学与逻辑学，都是有妨害的。

〔评历史哲学〕　历史的理智主义开了许多探讨的道路，这些探讨在过去两世纪里特别风行，在现在仍在进行着，目的在发见一种历史哲学，一种理想的历史，一种社会学，一种历史的心理学，或是叫做任何其他名目的一种科学，要在历史中抽绎出一些概念和普遍律。这些普遍律或共相究竟应该是什么呢？历史规律和历史概念吗？如果如此，稍懂知识论的人就可以见出这种企图是荒谬的。像“历史规律”、“历史概念”之类的名目，如果不是沿俗使用的譬喻词，实在就是自相矛盾的名词；其中形容词与名词之不相适合，有如说“质的量”或“多元的一元主义”。历史须有具体性与个别性，而规律与概念则为抽象性与普遍性。但是如果不想从历史中抽绎历史的规律与概念，而只想从历史中抽绎规律与概念，这种企图固然不是无益的；不过这样得来的学问不是一种历史哲学，而是许多种哲学中的一种，如伦理学、逻辑学等等，或是经验科学的无数部门之一，看情形而定。这种寻求不外有两种目的：第一，找

出我们已经提到的，作为每一种历史所必有的基础的那些哲学概念，这就是使知觉别于直觉，历史的直觉别于纯粹的直觉，历史别于艺术的那些概念；其次，结集和安排已形成的历史的直觉品为一些类型和门类，这恰是自然科学的方法。大思想家有时穿上不甚合适的历史哲学的外衣，尽管有这种蒙蔽，仍能得到一些极重要的哲学真理。把外衣脱掉，真理仍然留存。近代社会学家们之所以难逃谴责，不仅因为他们谈社会学那个不可能的科学时所存在的错觉，尤其因为几乎常与那错觉相随的贫乏收获[①]。美学是否应该叫做"社会学的美学"，逻辑学是否应该叫做"社会学的逻辑学"，这无关宏旨。严重的毛病在这种美学是感官主义的牙慧，这种逻辑学是字面的，不联贯的。但是我们所指的这个哲学运动对于历史学却产生了两个好结果。第一，要找历史学的原理的那一个较强烈的愿望起来了；所谓历史学的原理是关于历史学的性质与范围的。依上文的分析，这原理难得圆满，除非它问津于讨论直觉的那一个普遍科学，即美学。在美学里，历史学的原理是一专章，它所以别于一般美学的在于它用一些共相。其次，在历史哲学那一件虚伪而僭越的外衣蒙蔽之下，有时也确立了一些关于个别历史事件的个别真理，确立了一些法则和箴规，虽无疑只是经验的，对于学者与批评家们也并非毫无用处。连最近的一种历史哲学，叫做历史唯物主义的，也有不可否认的用处；它对于向来被人忽略或

① 社会学的创始人要推法国学者孔德(Comte 1798—1857)。他把科学由简而繁列为数学，天文学，物理学，化学，生物学(包涵心理学)，社会学。后一阶段科学都要根据前一阶段科学，所以社会学是最高的科学。应用社会学于美学的以法国学者顾约(Guyau 1854—1888)为最著。他著有《艺术，从社会学观点去看》一书。

误解的社会生活的许多方面，作了很生动的阐明[①]。

〔美学侵越逻辑学〕　权威原则或“子曰”原则[②]，就是历史侵越到科学和哲学的领域。这在经院派中最占势力，它把历史学固然不可少的这个或那个证据、档案或权威的叙述，代替了省察和哲学的分析。不彻底了解审美的事实，于是发生严重的带破坏性的骚扰与错误。受祸最烈的却是逻辑学，即思想与理性知识的科学。逻辑的活动既较审美的活动后起，而且本身包含着审美的活动，受祸岂不是当然的事？一种不精确的美学必定拖着一种不精确的逻辑学在后面。

任何人打开一部逻辑著作，从亚理斯多德的《工具论》[③]到近代一些著作，都会承认它们都是字面的事实和思想的事实，文法的形式和概念的形式，美学和逻辑学的杂凑。这并非说从前不曾有过离开字面的表现而求抓住思想实质的企图。亚理斯多德的逻辑学本身之仅成为三段论法和字面主义，也并非没有经过一些踌躇犹豫。在中世纪唯名主义派、唯实主义派与唯概念主义派[④]的争

① 克罗齐早年对马克思主义还有些赞成，后来却竭力反对。

② “子曰”原则（*ipse dixit*）：拉丁语，意为“老师曾经说过”，恰当于中文“子曰”。爱引古圣哲的话做自己的根据，不管它对不对，就是迷信“子曰”原则，译作“教条主义”亦可。

③ 亚理斯多德的《工具论》（*Organon*）：形式逻辑学的祖宗。“工具”意谓学问的工具。它偏重思想的抽象形式，如判断的形式以及三段论法的形式之类，所以称为“形式逻辑学”。克罗齐讥其为“字面主义”（verbalism），因为它离开思想的实质而专在字面上推敲。

④ “唯名主义派”、“唯实主义派”、“唯概念主义派”（nominalists，realists，conceptualists）：这是中世纪哲学上的大争执。他们的问题是殊相（个别事物）与共相（概念，总类）有什么关系，究竟哪一项是真实的。唯实派说：共相是真实的，愈普遍（接下页注）

辩中，真正逻辑的问题也常被讨论到。在伽利略与培根[1]的著作中，归纳法在自然科学里占着光荣的地位。维柯攻击过形式的与数理的逻辑，提倡有发明性的方法。康德唤起人们对于“先经验的综合”[2]的

(接上页注)的愈真实。唯名派说：殊相是真实的，共相或概念不过是同类个别事物的总名。唯概念派折衷这两派说：共相不仅是名字，它是真实的，在个别事物前，它存在于上帝的心中的概念；在个别事物本身中，它是个别事物的共同点；在个别事物后，它存于思想者的心中当作概念；个别事物自然也是真实的；因此，共相以殊相显，殊相以共相存。

① 伽利略(Galileo 1564—1642)：意大利数学家和天文家，在实验科学上有许多发明。著有《新科学》对话，讨论科学方法。培根(Francis Bacon 1561—1626)：英国哲学家，著有《新工具论》，反对亚理斯多德的形式逻辑学，提倡观察实验与归纳法。

② “先经验的综合”(a priori synthesis)：先经验是对后经验的(a posteriori)而言。据莱布尼茨和理性派学者，知识的来源分两种。一是“先经验的”，即于理必然，不待经验证实的，例如数学及几何学的自明公理。这是一切经验所依据的，一切知识都借先经验的自明的普遍的必然的真理生发出来，它是理智所了解的，用不着感官。其次是后经验的，即由感官察觉的，由经验得来的，它对经验的当时当境为真实，没有普遍性和必然性，所以也叫做“偶然的”(contingent)。“综合”是判断的一种形式。综合的判断与分析的判断对立。判断的宾词的意思已含在主词里面，可以由主词分析出来，叫做分析的判断。例如“物体是有体积的”，“物体”中即含有“有体积的”意思。这种判断也是由理智获得，无须假道于经验的。它既只发挥主词已有的意义，所以不能增加新知识。综合的判断则不然，它的宾词是由经验得来的新知识，不能从主词分析出来。例如“这物体是热的”，“物体”不一定含“热”的意思。哲学上理性主义(rationalism)和经验主义(empiricism)的大争执就在这先经验的与后经验的，分析的与综合的两大区分上面。理性主义着重先经验的分析的判断，经验主义是着重后经验的综合的判断。很显然。这两大区分——先经验的，分析的，理智的，必然的，普遍的与后经验的，综合的，感觉的，偶然的，特殊的——之中有一大鸿沟。二者如何交会融合，是有哲学史以来的首要问题。18世纪德国大哲学家康德的大企图就在把这鸿沟塞起。他所用的工具就是所谓“先经验的综合判断”。他认为根据经验的综合判断如果没有一些先经验的成分即不可能。例如数学的前提是综合的，因为最后都必须根据知觉得来的东西。可是它们的必然性与普遍性不能由经验证实，要证实它们的必然性与普遍性，就必须证实它们有先经验的成分。康德认为空间时间之类观念——数学所依据的——为一切经验所必需，而却不由经验获得；所以一切经验中都必假定有先经验的成分。再比如说逻辑的判断“凡人皆有死”，把实质除开，它必须有“全”“偏”“肯”“否”之类形式的关系，也是不由经验而却为经验所必有的。这就是“先经验的综合的判断”的大意。

注意。绝对唯心主义[1]藐视亚里斯多德的逻辑学。赫尔巴特[2]的门徒虽仍效忠于亚理斯多德，却偏重他们叫做“叙述的”一类判断[3]。这类判断的性质与其它逻辑判断是完全不同的。最后，语言学者也以为文字就其对概念而言，是无理性的。但是有意识的稳健而彻底的逻辑改革运动，只有在美学中才能找到基础或出发点。

〔逻辑学的本质〕　在照这种美学基础妥善地改革过的逻辑学中，我们必须首先宣明这个真理，并且抽绎它的意蕴：逻辑的事实，唯一的逻辑的事实，是概念，是共相，是构成共相的心灵，而且是只就其构成共相而言的心灵。如果归纳法指（象它有时是指）共相的构成，而演绎法指对共相的字面的阐发，则真正的逻辑学就只能是归纳的逻辑学。但是“演绎”常指数学的特殊推理程序，“归纳”常指自然科学的特殊推理程序。我们最好避免用这两个名词，把真正的逻辑学称为概念的逻辑学。概念的逻辑学虽运用归纳兼演绎的方法，却不完全专用其中一种，这就是说，它运用它所特有的思辨法或辩证法。

就它自身抽象地去看，概念或共相是不可表现的，没有文字可以真正表现概念。因此，逻辑的概念常恒一不变，不管它的字面的形式有多少变化。表现品对于概念，只是一个简单的符号或引得。

---

① “绝对唯心主义”（absolute idealism）：重要的倡导者是德国哲学家谢林（Schelling 1775—1854）他发挥康德唯心哲学，在心灵与自然，主观与客观之上立一最高原则，名为绝对（absolute），所以他的唯心主义叫做绝对唯心主义。在把“绝对”认为宇宙最高统一原则一点，他的思想颇近于黑格尔。

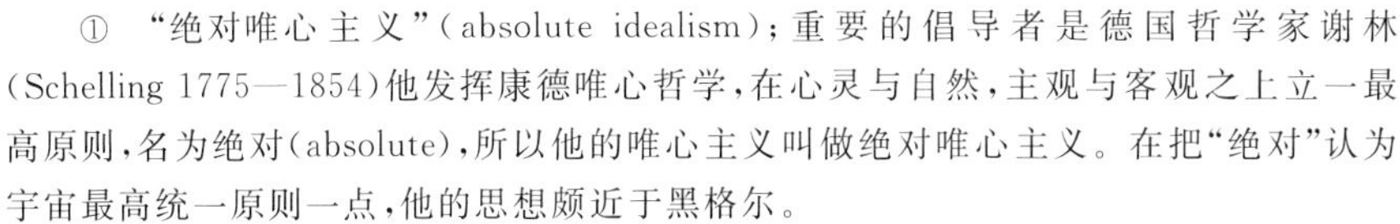

② 赫尔巴特（Herbart 1776—1841）：德国哲学家。

③ “叙述的判断”（narrative judgement）：一切记载经验的判断，例如“今天下雨”；“我感觉愉快”，“张三到了上海”之类。

表现品固然不可少，但是它究竟是什么，是这个还是那个，要看说话的人的历史的与心理的情境而定。那表现品的性质是不能从那概念的性质推演出来的。文字的真正意义（逻辑的意义）并不存在，它是构成概念的人临时临境所付与它们（文字）的[①]。

〔逻辑的判断与非逻辑的判断的分别〕 因此，唯一的真正逻辑的（这就是审美兼逻辑的）前提，唯一严格的逻辑的判断，必以确定概念为唯一的正当内容。这些前提或判断就是定义。科学本身不过是界说的结集，许多界说统一于一个最高界说，一个网罗一切概念的系统，即最高概念。

所以当务之急（至少是当作一个初步工夫）是从逻辑学中剔去一切不是确定概念的前提。不仅亚理斯多德所称的“非确有所阐明的判断”[②]，例如表示愿望的词句，不是真正的逻辑判断，就连叙述的判断也不是逻辑判断。它们不是纯粹的审美的前提，就是历史的前提。“张某走过去，今天下雨，我昏倦想睡，我想看书。”这些和无数其它类似的前提都不过把张某走过去，下雨，我的身体要睡，我的意志向着看书方面之类事实的印象纳到文字里[③]，否则便

① 例如，“人”一个概念可适用于任何个别的人。你是“人”，我是“人”，他是“人”，字面的形式尽管有变化，而“人”的概念却恒一不变。那概念存于思想中是无法表现的。“人”——它的表现品——不过是一个字，符号或引得这字（“人”）的真正意义并不在思想中抽象地存在，每人当时当境用这字时才赋予它一个具体的意义，你所了解的“人”和我所了解的“人”不完全一样。

② “非确有所阐明的判断”（non-enunciative judgement）：例如“我愿你来”，只表示一个愿望而不是阐明一个真理。

③ 这是指上文所谓审美的前提。

是肯定这些事实存在[1]。它们所表现的可以是实在的，可以是历史的想象，也可以是纯粹的想象，却决不是确定共相的界说。

〔三段论法〕　要把非概念的判断剔去，并不很困难。它差不多是已成事实，我们只需把它弄得明显、确定、联贯就行了。但是我们怎样应付叫做“三段论法”的那一种根据概念的判断和推理，那一部分人类思想呢？什么是三段论法？它是否是应受鄙视的无用废物，像人文主义者[2]在反抗经院派的时候，绝对唯心主义者，以及现代狂热地欣羡自然科学的观察实验方法者，那样轻视它呢？三段论法是依公式的推理，并不能发明真理；它只是阐述，讨论自己和自己或自己和旁人争辩所要用的技术。三段论法从已形成的概念，已观察到的事实出发，按照真理或思想的常住性（这就是同一律与矛盾律的意义），从这些资料中推出结论，这就只是把已知道的东西复述一遍。所以从发明的观点看，它虽是一种“叠床架屋”，对于教学和说明却极有效益。把肯定语化为三段论式，可以便于控制自己的思想，以及批评旁人的思想。嘲笑运用三段论法原不难，但是三段论法既已产生了而又继续存在，也必有它的道理。我们只应讥刺它的流弊，例如用三段论法去证明事实，观察，与直觉方面的问题，或是对问题不肯深思和虚心探讨，而只在三段论法的外形上做工夫。还有所谓“数理逻

---

① 这是指上文所谓历史的前提。

② “人文主义者”(humanists)：人文主义指文艺复兴时代回到希腊自由思想和反对中世纪崇拜权威的文化运动；它产生了近代科学。

辑”[①]，从莱布尼茨[②]诸人就已开了路，在现代也还有人在尝试。如果它有时能助我们很容易地记住，而且很快地控制住我们的思想的结果，我们也无妨对这种三段论式表示欢迎。

但是正因为三段论法是说明与辩论的技术，它的原理不能在哲学的逻辑中占首要地位，来僭越关于概念的原理。概念的原理才是中心的统摄的原理，三段论法所有的逻辑的成分都可以纳在这里面而无余（如诸概念的关系，附属，平行，同一之类）。我们也不要忘记，概念和逻辑的判断以及三段论法并不是站在一条线上。只有概念才是逻辑的事实，判断与三段论法只是概念表现自身所取的形式。就其为形式而言，它们只能用审美的（文法的）观点去考核；就其有逻辑的内容而言，它们须丢开形式本身而进为概念的原理，才能有逻辑的内容。

〔逻辑的假与审美的真〕　人们常说，不善于推理的人也就不善于说话和写作，精确的逻辑分析是好表现品的基础。这话也可以从上述道理证实。它其实是一种重复词，因为善于推理就是善于表现，表现就是对于我们自己的逻辑思考加以直觉的掌握。矛盾原则本身其实只是美学上的联贯原则。也许有人说：从错误的概念出发，写得很好和说得很好还是可能，正犹如推断得很好还是可能；有一部分人虽缺乏大发明家所以成为大发明家的聪慧，却

① “数理逻辑”（mathematical logic）：即符号逻辑（symbolic logic），要旨在根据很少的基本的思想的公理和定律，如同数学的推理方式，逐渐推证引申一切思想的形式出来。所以它仍是一种形式逻辑学。

② 莱布尼茨（Leibniz 1646—1716）：德国大数学家和哲学家，首先看到逻辑学可以走数学符号的路径。

仍不失其为很流畅的写作家，因为写得好要靠对于自己的思想有明晰的直觉，尽管那思想或许是错误的；它本无须有科学的真实，只要有审美的真实就行；这就无异于说，只要写得好。像叔本华那样的哲学家可以想象艺术是柏拉图的理式的表象[①]。这学说在科学上是错误的，但是他可以发挥这错误的知识，写成顶好的散文，从审美的观点看是极真实的。我们已经答复过这些反驳；我们说过：说话者或写作者阐述一个没有想好的概念，就正在这一点上他是一个低劣的说话者或写作者；虽然他后来在许多其他部分思想可以振作起来，想出一些与以往错误不相连贯的真实的前提，因此继混乱的表现之后可以有清晰的表现。

〔改革过的逻辑学〕 所以现在还使逻辑论著显得累赘的许多关于判断的形式，三段论法的形式，它们的转变，它们的各种关系之类的探讨，将来要减少，要改变，要转成别的东西。关于概念，概念的组织，界说、系统、哲学，以及各种科学等等的原理将来要代替它们，只有这种原理才会组成真正的逻辑学。

有些人先已怀疑到美学与逻辑学的密切关系，想把美学看成一种“感性知识的逻辑学”，他们特别喜欢把逻辑的范畴应用到这门新知识上去，谈什么“审美的概念”，“审美的判断”，“审美的三段论法”之类。我们不那样迷信经院派传统的逻辑学的永久性，同时

① 柏拉图的理式（Platonic ideas）：依柏拉图，经验界无真理，感官所接触的事物全是虚幻，它们只是“理式”的影子，唯有理式是真实的，长存不变的。比如雪的“白”可以消化，而“白”一个理式则无时空性，永远地普遍地可以应用凡是“白”的事物上去。凡是“白”的事物都是模仿“白”的理式那个原型而产生的。“理式”不是观念或概念，这些都是心灵活动的产品，而柏拉图的“理式”是独立的客观存在。

对于美学的性质也知道较清楚，就不赞成应用逻辑学于美学，就要把逻辑学从一些审美的形式中解放出来。这些审美的形式曾经产生了一些子虚乌有的逻辑的形式和范畴，由于采用了一些完全勉强的没有认清的区分。

经过这样改造，逻辑学将仍是形式的逻辑学；它将研究思想的真正形式或活动，研究共相的概念，排除个别的特殊的概念。旧式逻辑学并不配称为形式逻辑学，它最好称为“字面的”或形式化的逻辑学。形式逻辑学要逐出形式化的逻辑学。想达到这个目的，它必须求援于一种真实的或本质的逻辑学——这本已有人做过——这就不复是思想的科学，而是正在活动的思想本身；不仅是一种逻辑学，而是包涵逻辑学在内的全部哲学。思想的科学（逻辑学）就是概念的科学，犹如想象的科学（美学）就是表现的科学。要维持这两种科学的健全，就必须把这两个领域很谨严地精确地区分开来。

原书第四版附注：这一章中谈逻辑学的一些话不完全是清楚的或正确的，必须在“心灵的哲学”第二部专讲逻辑学的一书中再加阐明纠正。在这部逻辑学中，逻辑的前提与历史的前提都重新讨论过，它们的综合成的整一体也说明过。

第六章　认识的活动与实践的活动[①]

直觉的与理智的两种形式，我们已说过，把心灵的全部认识的范围都包括无余了。但是我们如果不先把认识的心灵和**实践的**心灵的关系确定清楚，就不能彻底了解上述两种形式，也不能批评另一批错误的美学理论。

〔意志〕　实践的形式或活动就是**意志**。在一些哲学系统中，意志是宇宙的基本，事物的本原，真正的实在[②]。我们在这里用“意志”这个名词，并不采用这个意义。另一些哲学系统把意志认为心灵的力，心灵，或一般活动，因此把人类心灵的每一个动作都看成意志的一种作为[③]。这个广义我们也不采用。我们所用的既

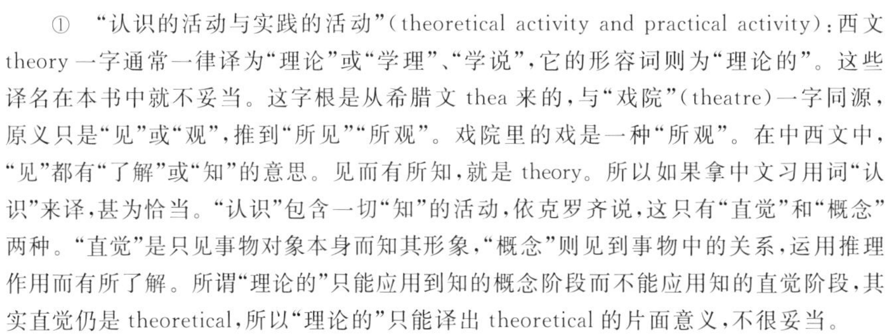

① “认识的活动与实践的活动”(theoretical activity and practical activity)：西文 theory 一字通常一律译为“理论”或“学理”、“学说”，它的形容词则为“理论的”。这些译名在本书中就不妥当。这字根是从希腊文 thea 来的，与“戏院”(theatre)一字同源，原义只是“见”或“观”，推到“所见”“所观”。戏院里的戏是一种“所观”。在中西文中，“见”都有“了解”或“知”的意思。见而有所知，就是 theory。所以如果拿中文习用词“认识”来译，甚为恰当。“认识”包含一切“知”的活动，依克罗齐说，这只有“直觉”和“概念”两种。“直觉”是只见事物对象本身而知其形象，“概念”则见到事物中的关系，运用推理作用而有所了解。所谓“理论的”只能应用到知的概念阶段而不能应用知的直觉阶段，其实直觉仍是 theoretical，所以“理论的”只能译出 theoretical 的片面意义，不很妥当。

② 这是指叔本华一派的哲学；尼采的见解也大致相同。

③ 这是法国哲学家比朗(Maine de Biran 1766—1824)一派人的主张。柏格森的“生力”说与弗洛伊德的“来比多”(libido)说与此亦相近。

不是形而上学的意义，也不是譬喻的意义。在我们看，意志是像通常所了解的，是与对事物取纯粹的认识性的观照有别的那种心灵活动，它所产生的不是知识而是行动。在出于意志时，行动才真是行动。不消说要起作为的意志，在科学的意义上，通常也包括所谓“不为”；要抵抗，要消除的意志，一个像普罗米修斯[①]那样的意志，也就是行动。

〔意志是知识的归宿〕 人类用认识的活动去了解事物，用实践的活动去改变事物；用前者去掌握宇宙，用后者去创造宇宙。但是认识活动是实践活动的基础；我们在上文说过，审美的活动与逻辑的活动有“双度”关系。在较大范围里，认识活动与实践活动也有这双度关系。认识离意志而独立，这是可思议的；意志离认识而独立，这是不可思议的。盲目的意志不是意志，真正的意志必有眼光。

如果对于事物没有历史的直觉（知觉），和对于逻辑关系的（使我们明了那些事物性质的）认识，我们如何能起意志呢？如果我们不明白周围世界，或是不明白如何用行动来改变事物，我们如何能真正能起意志呢？

〔反驳与解答〕 有人反驳道：爱行动的人们，地道的实践的人们，最不惯用观照去求认识，他们的力量不滞留于观照而直泻于意志。从另一方面来说，爱观照的人们，哲学家们，在实践的事务方面常很平庸，意志薄弱，所以在人生的热闹中被人忽视。这些分

---

① 普罗米修斯(Prometheus)：希腊神话中反抗天神，偷火与人类而被天神严谴的一位神人，他成为革命与反抗的象征。

别显然只是经验的和数量的。实践的人固无须有一套哲学才去行动，但是在他的行动范围内，他却从他看得很清楚的直觉与概念出发，否则无从用意志去发最寻常的行动。举个例来说，如果对于食物，对于某种动作与某种满足的因果关系，都没有知识，起意志去吃东西就不可能。逐渐升到较繁复的活动，例如政治的活动。我们如何能起意志去做一件在政治上可分好坏的事，如果不知道社会的实际情形，而且因此就不知道应采用的方法和手段呢？实践的人在不很明白这几点时，或是心中有疑惑时，行动就不会发作，或是中途停止。在这种时候，那平常在行动迅速演变中人们少注意而常忘记的认识的阶段，就变成重要而且久占意识了。如果这个认识的阶段延长，那实践的人就可变成一个哈姆雷特[①]，一方面想行动，一方面对于实际情形和应采的手段又没有清晰的认识，于是徘徊犹豫。如果他对于观照和发明发生兴趣，把意志和行动方面的事让给旁人，他就会养成艺术家，科学家或哲学家的平静的气质，这类人在实践方面有时无能甚至简直不道德。这些话都是显而易见的，无疑是正确的。可是我们须复述一句，它们都基于量的分别，不但不能反驳而且证实了我们所说的道理：一个行动，尽管如何细微，除非有认识的活动做先导，就不能真是行动，即不能真是起于意志的行动。

〔评实践的判断或价值的判断〕　在另一方面，有一部分心

① 哈姆雷特(Hamlet)：莎士比亚的名剧中的主角。他的母亲私通他的叔父，把他的父亲谋杀了。他要报仇，徘徊犹豫，思量这样，思量那样，不容易下一个决心。他是沉醉于思考而不能行动者的代表。

理学者在实践的行动之前特设一类判断,叫做“实践的判断”或“价值的判断”[①]。他们说:要决定发作一个行动,先须作“这个行动是有用的,这个行动是善的”一个判断。在第一眼看来,这话似有意识可凭。但是较切近的观察和较精细的分析可以见出:这类判断来在确定意志之后,并不在前,它们不过是已发作的意志的表现。一个有用的或善的行动就是意志所要采取的行动。从对于事物的客观的研究,我们找不出丝毫叫做“有用的”或“善的”属性。我们希求事物,不是因为我们知道它们是有用的或善的;我们知道它们是有用的或善的,却是因为我们希求它们。在这里也是由于意识的事实进行很快,我们就生了一种幻觉。走在实践行动前面的是知识,但不是实践的知识,或对于实践方面的知识;要得到实践的知识,我们首先要有实践的行动。所以实践的判断或价值的判断那第三阶段完全是想象的,在认识与实践两阶段或双度之中并没有它的地位。此外,一般规范的科学[②],就是立法则,发号令,为实践行动发见价值和指示价值的科学,也不存在;任何一种活动其实都不能有什么规范的科学去支配,因为每种科学都须假定它所取为研究对象的那个活动是已实现过,发生过的。

〔从审美的活动中排除实践的活动〕 这些分别既弄清楚

① “实践的判断”(practical judgment)或“价值的判断”(judgment of value):这是康德用的名词,意义看下文所举例自明。

② “规范的科学”(normal science):指伦理学、政治学、法律学之类科学,这类科学给人规范,使他们在实际行为上有一个标准。不过近代科学愈发达,自然科学的方法愈占势力,从前所谓“规范的科学”都逐渐变成自然科学了。自然科学研究事物之所以然,规范科学研究事物之所当然。

了，我们就必须指斥一切把审美的活动附属于实践的活动，或以实践活动的规律应用于审美的活动之类学说的错误。人们常说科学是认识，艺术是实践。他们把审美的事实看成实践的事实，也并非随意乱说，或是捕风捉影，而是因为他们注意到一种真正是实践的东西，但是他们所指实践的东西并不是审美的，也不在审美的范围之内；它是在这范围外面和附近的；虽然它常与审美的合在一起，却不是必然要如此，不是因为性质相同要如此。

审美的事实在对诸印象作表现的加工之中就已完成了。我们在心中作成了文章，明确地构思了一个形状或雕像，或是找到一个乐曲的时候，表现品就已产生而且完成了，此外并不需要什么。如果在此之后，我们要开口——起意志要开口说话，或提起嗓子歌唱，这就是用口头上的文字和听得到的音调，把我们已经向我们自己说过或唱过的东西，表达出来；如果我们伸手——起意志要伸手去弹琴上的键子或运用笔和刀，用可久留或暂留的痕迹记录那种材料，把我们已经具体而微地迅速地发出来的一些动作，再大规模地发作一次；这都是后来附加的工作，另一种事实，比起表现活动来，遵照另一套不同的规律。这另一种事实暂时与我们无关，虽然我们将来要承认这第二阶段所造作的是事实，是一种实践的事实，意志的事实。内在的艺术作品与外现的艺术作品通常被人分开，这些名称在我们看是不恰当的，因为艺术作品（审美的作品）都是“内在的”，所谓“外现的”就不是艺术作品。另一批人把审美的事实和艺术的事实分开，以为艺术的事实是外现的或实践的阶段，它可以跟随，而且常的确跟随表现阶段而起。但是照这个说法，那只

是用字的问题，这样用字固无不可，却或许不妥当[①]。

〔评艺术的目的说及内容的选择说〕 同理，就艺术之为艺术而言，寻求艺术的目的是可笑的。再者，定一个目的就是选择，艺术的内容须经选择说也是错误的。在诸印象及感受品之中加选择，就无异于说这些印象与感受品已经是表现品，否则在混整的东西之中如何有选择呢？选择就是起意志：起意志要这个不要那个；这个和那个就必须摆在我们面前，已表现了的。实践在认识之后，并不在前；表现是自然流露。

在事实上，真正的艺术家发见自己心中像怀胎似的有了作品主题，怎样经过他并不知道。他只觉得生产的时刻快到了，但是不能起意志要生产或不要生产。如果他故意要违反他的灵感，要加一个勉强的选择，如果他生来是阿那克里翁[②]，却要歌唱阿特柔斯和阿尔岂弟斯[③]的故事，他的竖琴就会提醒他的错误，只发伴奏歌唱维纳斯[④]和爱情的声音，尽管他竭力避免这样。

① 这段在克罗齐的美学中很重要。他把“表现”和“传达”分开，前者是艺术的活动，后者是实践的活动。他把“传达”叫做“外射”即一般人所谓“表现”；他所谓“表现”完全在心里完成，即一般人所谓“腹稿”。胸有成竹，竹已表现；把这已表现好的竹写在纸上，这是“传达”或“外射”，是实践的不是艺术的活动，它有“给别人看”或“备自己后来看”那一个实践的目的。参看本书第128页注②。

② 阿那克里翁(Anacreon)：公元前6世纪希腊诗人，他的诗大半歌唱醇酒妇人。

③ 阿特柔斯(Atreus)：希腊的一个王族，其中有一个国王阿伽门农(Agamemnon)和他的子女的悲剧，是希腊的第一个大悲剧家埃斯库罗斯(Aeschylus 525—556)的题材。阿尔岂弟斯(Alcides)，希腊大力士海格立斯(Hercules)的别名。希腊大悲剧家索福克勒斯(Sophocles)和欧里庇得斯(Euripides)都用过有关他的故事为题材。

④ 维纳斯(Venus)：罗马神话中的爱神。

〔从实践的观点看，艺术是无害的〕　因此，题材或内容不能从实践的或道德的观点加以毁誉。艺术批评家们说某某题旨选择得不好时，如果那话有正当的根据，它所指责的不能是题旨的选择（这就会是荒谬的），只能是作者处理那题旨的方式，即内在矛盾所造成的表现的失败。这些批评家们往往又说某些作品在艺术上是完美的，却谴责它们的题旨或内容不配为艺术；如果这些表现品真是完美的，就没有别的可说，只好请那些批评家们不要再搅扰艺术家们，因为艺术家们只能从曾经感动心灵的东西中取得灵感。批评家们最好注意去改变四周的自然与社会，使他们所认为可谴责的那些印象和心境不发生。如果丑恶可从世界中消灭，普遍的德行与幸福可以在这世界中奠定，艺术家们也许就不再表现反常的或悲观的感觉，而只表现平静的，纯洁的，愉快的感觉，成了真正理想国的理想人物。但是只要丑恶与混浊有一天还在自然中存在，不招自来地临到艺术家们的头上，我们就无法制止这些东西的表现；表现已成就了，要取消已成事实也是无用的。我们这样说，是完全采取美学的，和纯粹的艺术批评的观点。

我们在这里用不着去估计，根据"选择"说的批评对于艺术创作有多么大的损害，它在艺术家们本身中间所产生的偏见，以及它所造成的艺术动机与批评要求之中的冲突。诚然，这种批评有时也像有一点用处，因为它帮助艺术家们发见他们自己，就是发见他们自己的印象和灵感；帮助他们意识到他们所需的历史阶段和他们个人的性情规定他们要做的工作。在这些情形之下，根据"选择"说的批评虽自信产生了那些表现品，其实只是对于已形成的表现品加以承认与帮助。它自信是母亲，其实至多只是助产妇。

〔艺术的独立〕 内容选择是不可能的，这就完成了艺术独立的原理，也是“为艺术而艺术”一语的正确意义。艺术对于科学、实践和道德都是独立的。我们不用怕轻浮的或干枯的艺术因此有所借口，因为真正轻浮或干枯的艺术之所以轻浮或干枯，是由于没有达到表现；这就是说，轻浮和干枯总是起于艺术处理的方式，起于不能掌握内容，不起于内容本身的质料。

〔评风格即人格说〕 除非根据认识与实践的分别，根据审美活动的认识性，风格即人格说也无从批评得详尽。人不仅是知识与观照；他也是意志，而意志包括认识的阶段。因此风格即人格说只有两个可能：如果它指风格就是具风格方面的人格，即只指表现活动那方面的人格，那就是完全空洞无意义的；如果要想从某人所见到而表现出来的作品去推断他做了什么，起了什么意志，即肯定知识与意志之中有逻辑的关系，那就是错误的。许多艺术家传记中的传说都起于风格即人格一个错误的等式。好像一个人在作品中表现了高尚的情感，在实践生活中就不可能不是一个高尚的人，或是一个戏剧家在剧本中写的全是杀人行凶，自己在实践生活中就不可能没有做一点杀人行凶的事。艺术家们抗议道：“我的书虽淫，我的生活却正经。”不但没有人相信，反而惹到欺骗和虚伪的罪名。可怜的维洛那城的妇女们，你们谨慎得多了，你看到但丁的黝黑的面孔，就以为他真正下过地狱！你们的猜测至少还是一种历史的猜测。

〔评艺术须真诚说〕 最后，当做一种责任摆在艺术家身上的真诚（一个伦理学的规律，据说也是一个美学的规律）也有两重意义。第一，真诚可以指不欺骗邻人那个道德的责任；就这个意义说，它与艺术家毫不相干。艺术家本不欺骗任何人，他只赋予形式给已在心中存在的东西。如果他辜负他的艺术家的责任，不依本性做他的工作，那就是欺骗了。如果欺骗的言行在他心里形成印象，他所赋予它们的形式因其为审美的，就不是欺骗的言行了。如果一个艺术家是骗子，说谎者，坏蛋，而且把那方面人格反映到艺术里，他也就把它净化了。其次，如果真诚是指表现的充实真切，这第二意义显然与伦理的概念无关。这个叫伦理学的又叫做美学的"真诚"规律，不过是同一名词用在伦理学和美学两个不同的范围里。

第七章　认识的活动与实践的活动的类比

〔实践活动的两个形式〕　认识活动的双度——审美的与逻辑的——在实践活动中有一个重要的对称，还没有显示出来。实践活动也分为第一度与第二度，第二度也包涵第一度。第一度只是有用的或经济的活动，第二度是道德的活动。经济学好像是实践生活的美学，道德学好像是实践生活的逻辑学。

〔经济上的有用的活动〕　如果哲学家们没有认清这一点，没有替经济的活动在心灵系统中找得一个正当地位，以至它在政治经济学著作的序论里浮游不定，往往含糊而没有阐发，理由之一就是有用的或经济的活动往往与“技术的活动”和“自私的活动”那两个概念相混。

〔有用的活动与技术的活动的分别〕　技术决不是心灵的一种特殊的活动。技术就是知识，或则说，一般知识本身，当它替实践的行动作基础时（我们已见过，它能如此），就取得“技术”的名称。一种知识，如果不应用于实践的行动，或是按假定不易应用于实践的行动，就叫做“纯粹的”；同一知识，如果有效地应用于行动，就叫做“应用的”；如果假定它容易应用于某一行动，就叫做“可应用的"或"技术的"。所以"技术的"这个术语只指知识所处或易处的一种情境,而不是知识的一种特殊形式。这是千真万确的,所以我们绝对不能确定某一类知识在本质上是纯粹的还是应用的。一切知识,无论你以为它是如何抽象的、哲学的,都可以作实践行动的指南。对于道德的最高原则如果有一点认识上的错误,这错误就可以影响到而且往往确实影响到实践生活。我们只能粗略地不科学地说某些真理是纯粹的,某些真理是应用的。

叫做"技术的"知识也可以叫做"有用的"。但是据前章批评价值的判断那一番话,"有用的"一词用在这里只能有一种字面的或譬喻的意义。我们说水对于熄火有用,"有用"就不是取它的科学的意义。水倒在火上是火熄的原因,这一点知识可以供救火队作行动的基础。在熄火人的有用的行动与水可熄火那一点知识之中有一个关联,但只是先后承续的关联而不是性质上的关联。水的效果那一点技术的知识是在前的认识的活动;熄火人的行动才是唯一的"有用的"东西。

〔有用的与自私的两概念的分别〕　有些经济学家们把"有用的"和"自私的"相混,其实前者只是经济的行动或经济的意志,后者只是对私人有利益的,不管道德法律,而且实在违反道德法律。自私的就是不道德的。在这情形之下,经济学就不免是一种很奇怪的科学,和伦理学不是平行而是相反的了;像魔鬼之与上帝,或至少像教会奉圣典礼中的"魔鬼的辩护者"。这种观念是绝对不能成立的:研究不道德的科学就包括在研究道德的科学里面;犹如研究错误的科学就包括在逻辑学(研究真理的科学)里面;研究不成功的表现的科学就包括在美学(研究成功的表现的科学)里面。所以经济学如果是研究自私主义的科学,它就应该是伦理学的一章,或则就是伦理学本身;因为每一个道德的决定同时也就是对于它的对立面的否定。

还有一层,良心告诉我们:依经济的立场去立身处世,并非就是依自私的立场去立身处世;最关心道德的人如果不愿随便倒行逆施、违反道德,也就必须依效用的(经济的)立场去立身处世。如果讲效用就是自私主义,难道博爱者的责任就在跟自私者一样做人吗?

〔经济的意志与道德的意志〕 我们的看法如果不错,上述困难就可完全用解决表现与概念(美学与逻辑学)的关系那个问题的方法去解决。

依经济的立场起意志,就是起意志要达到一个目的;依道德的立场起意志,就是起意志要达到一个有理性的目的。但是任何人依道德的立场起意志,发行动,也必同时是在依效用的(经济的)立场起意志,发行动。他如何能起意志要达到那有理性的目的,除非他把它当作他的个人的目的呢?

〔纯粹的经济性〕 这话反过来说便不对,犹如在美学中说表现的事实一定要与逻辑的事实结合是一样不对。从经济的立场起意志而不同时从德道的立场起意志是可能的,一个人可能完全合于经济的原则去立身处世,而所追求的目的在客观方面看,却是无理性的(不道德的),或则说,那目的在较高度的意识中是会被认为无理性的。

有经济性而无道德性的实例有马基雅维利的《君主论》中的主

角恺撒·包济亚[①],或莎士比亚的伊阿古[②]。虽然这些人的活动只是经济的,朝反道德的方向发展,谁能不佩服他们的意志力呢?谁能不佩服薄伽丘所写的齐亚柏勒陀[③]?他临死时还在追求实现他的大流氓理想,开玩笑地假装忏悔,使身旁那些胆怯的小偷们都惊赞道:“这是什么样的人?老了,病了,马上就要死了,马上上帝就要审判他了,这些恐怖都不能叫他丢开他的凶恶,或是叫他希望像个正经人那样去死!”

〔道德的经济方面〕　把恺撒·包济亚、伊阿古、齐亚柏勒陀的坚忍无畏拿来和圣贤豪杰的善良意志合在一起,就是道德的人。或则说得更好一点,善良意志不成其为意志,因此即不成其为善良,如果在使其为“善良”者之外,没有使其为“意志”的东西。正如一个逻辑的思想如果没有表现成功,即不成其为思想,至多只是对于将起未起的思想的一种朦胧的预感。

因此,把不关道德的[④]人认成也是违反经济的人,或是把道德

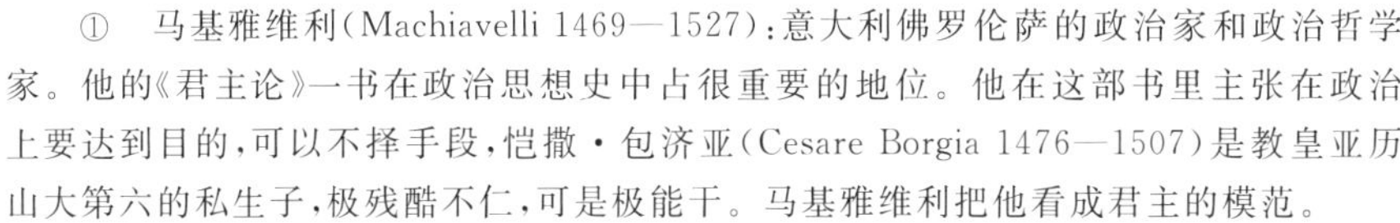

① 马基雅维利(Machiavelli 1469—1527):意大利佛罗伦萨的政治家和政治哲学家。他的《君主论》一书在政治思想史中占很重要的地位。他在这部书里主张在政治上要达到目的,可以不择手段,恺撒·包济亚(Cesare Borgia 1476—1507)是教皇亚历山大第六的私生子,极残酷不仁,可是极能干。马基雅维利把他看成君主的模范。

② 伊阿古(Iago):莎士比亚的悲剧《奥瑟罗》(*Othello*)中一个奸猾的角色。他用种种诡计谋害他的长官奥瑟罗,说他的夫人有奸情,以致奥瑟罗把自己纯洁的妻子杀死。

③ 薄伽丘(Boccaccio 1313—1375):意大利文艺复兴的重要作家之一。他的最著名的作品是《十日谈》(*Decameron*),欧洲最早的短篇故事集。齐亚柏勒陀(Ser Ciappelletto)就是书中一篇故事的主角,一个典型的坏人。

④ “不关道德的”(amoral):指“在道德范围以外的”,“不能从道德观点说好坏的”,既非“道德的”也非“不道德的”。

认成生活行为的融贯性(即经济性)中的一个原素,都是不正确的。我们不难想象到一个毫无道德良心的人(纵然不是毕生如此,至少在一生中某些时期中是如此),我们认为不道德的活动对他却不能说是不道德的,因为他追求的东西,与当作满足自私的动机而追求的东西之中有什么冲突。这冲突就是违反经济性。只是对于一个有道德良心的人来说,不道德的行为才同时也是违反经济的。说明这个道理的道德性的懊悔同时也就是经济性的懊悔;那就是惋惜原来没有认清怎样很好地起意志,去达到第一念所希求的道德理想,以至被情欲引上错路。拉丁成语说:"我本来见到善,知其为善,却走到恶方面去了。"这里"见"和"知"是行善的第一念,不过马上就被否定了,被推翻了。我们必须承认:没有道德意识的人可以有纯是经济性的懊悔;例如一个贼或凶手的懊悔,他刚要抢掠或行刺,却停住手,并非他的性格改变了,而是由于张皇失措,甚至由于道德意识暂时醒觉。当他回到自己的本来面目时,他会懊悔,羞愧自己有始无终;他的懊悔并不是由于做了坏事,而是由于没有做成坏事,所以只是经济性的,而不是道德性的懊悔,因为原已假定他没有道德性的懊悔。但是大多数人通常都有一种生动的道德意识,完全缺乏道德意识的人是少有的,或许竟是不存在的怪物,所以我们可以说,在人生行为中,道德性通常是与经济性一致的。

〔纯经济的活动和在道德上不分好坏的活动的谬见〕我们不用怕上述道德经济平行说会把"在道德上不分好坏的"一个范畴再引到科学里来,所谓"在道德上不分好坏的"就无异于说它既是行动与意志,却又没有道德与不道德的分别;总之,它是属于"不犯法的"和"可允许的"那一类。这种观念常是道德腐败的原因或反映，像耶稣会学派的道德哲学[①]就受这观念统治。在道德上不分好坏的行动其实并不存在，因为人的每一个最微细的出于意志的动作都是，而且都必是，在道德上须分好坏的活动。但是这看法不但不能推翻已成立的平行说，而且证实了它。世间是否偶尔有一些直觉品为科学与理智所达不到，分析不到，不能把它们化为普遍的概念或是化为历史的叙述呢？我们已经见过：真正的科学，即哲学（不像所谓自然科学），并没有一些外在的限制拦它的路。科学完全统治着人类的审美的直觉品，道德也完全统治着人类的经济的意志活动；虽然科学要借审美的形式才能具体地出现，道德也要借经济的形式才能具体地出现[②]。

〔评功利主义与伦理学经济学的改造〕 有用的与道德的，经济的与伦理的，二者之中的这种同与异，可以说明伦理学中的功利主义[③]在现在与过去的成功。在每一道德的行动之中寻出一个功利的方面，实在是易事；正如在每一个逻辑的前提之中寻出一个审美的方面也是易事一样。要批评伦理的功利主义，我们不能从否认这个真理下手，或是从找荒谬无稽的实例去证明有无用的道德的

① 耶稣会学派（Jesuits）：天主教会中一个派别。

② 这段的主旨在说明经济与道德虽有像直觉与概念的双度关系，人类的活动不外认识与实践两种，每种各有先后两度关系。先可离后，后不可离先；直觉可离概念，经济可离道德；而概念却不能离直觉，道德却不能离经济。科学（即概念或逻辑）统治直觉品，因为科学内含直觉品；道德统治经济的活动，因为道德内含经济的活动。科学借审美的形式具体地出现，因为共相基于殊相，有殊相才能见共相；道德借经济的形式具体地出现，因为有理性的活动（道德的）要在个别的经济的活动中见出。

③ “功利主义”（utilitarianism）：英国经济学家边沁（Jeremy Bentham 1748—1832）和穆勒（James Mill 1773—1836）所创始的，要旨是“最大多数人的最大量的幸福是衡量是非的标准”，苦与乐是人类行为的最重要的动机，道德的和有用的是一回事。

行动下手。我们必须承认道德的行动有功利的方面，把这功利的方面看成道德的具体形式，它就含在这具体形式里面。功利主义者没有看出这“含在里面”的道理。这些意思应有较详尽的阐发，可是本书不是合适的地方[①]。伦理学与经济学都会得益（如同我们对于逻辑学与美学所说过的），如果它们的关系得到较精确的决定。经济学在设法超过使它弄得纠缠不清的数学阶段，正逐渐提升到对于效用有一种生动的了解，而那数学阶段本身对于它所代替的历史主义，即认识活动与历史事实的混淆，也是一种进步，它推翻了许多勉强的分别和妄诞的经济学说。有了这种效用的概念，我们一方面可以吸收而且检查所谓纯粹经济学的一些半哲学性的学说，另一方面也可以把逐渐积累起来的错综复杂的和附加的东西引进来，以便从哲学的方法转变到经验的或自然科学的方法，这样就把经院派所谓政治经济学或国家经济学所阐明的一些学说都包括在内。

〔实践活动中的现象与本体〕　像审美的直觉认识现象或自然，而哲学的概念作用认识本体或心灵一样；经济活动是对现象或自然起意志的，而道德活动是对本体或心灵起意志的。道德本质的最妥当的定义也许是这个：心灵起意志要实现它自己，实现它的真正的自我，即含在经验的有限的心灵之中的普遍性[②]。这种要实现真自我的意志便是“绝对自由”[③]。

---

① 克罗齐有专著详论经济学和伦理学，即《心灵的哲学》第3卷，叫做《实践活动的哲学：经济学和伦理学》，或简称《实践哲学》。

② 在殊相中所见的共相，在个别的人中所见的普通人性。

③ “绝对的自由”（absolute freedom）：自由与必然（necessity）对立，犹如心灵与自然对立。心灵实现它的真自我，不受自然的必然性所限制，于是得到“绝对的自由”。

第八章　其它心灵的形式不存在

〔心灵的系统〕　关于心灵的基本阶段的全部哲学，我们已经给了一个概要，认为心灵含有四阶段或四度[①]，依照下式安排：认识的活动对实践的活动，犹如认识第一度对认识的第二度，实践的第一度对实践的第二度。在它们的具体形式中，这四个阶段都是后者内含前者：概念不能离开表现而独立，效用不能离开概念与表现而独立，道德不能离开概念、表现与效用而独立。如果审美的事实在某一种意义上是唯一可独立的，其余三者都多少有所依傍；逻辑的活动依傍最少，道德的意志依傍最多。道德的意向须遵照已有的认识的基础走，它不能离这基础，除非我们肯承认耶稣会学派所谓“意旨的定向”[②]那样一个荒诞无稽的作用，在这个作用中

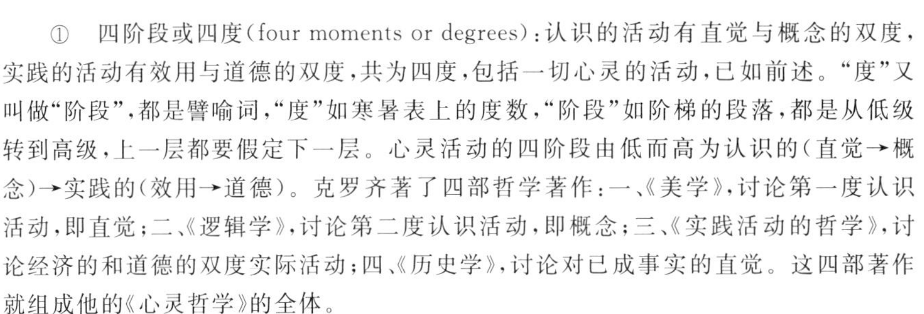

① 四阶段或四度（four moments or degrees）：认识的活动有直觉与概念的双度，实践的活动有效用与道德的双度，共为四度，包括一切心灵的活动，已如前述。“度”又叫做“阶段”，都是譬喻词，“度”如寒暑表上的度数，“阶段”如阶梯的段落，都是从低级转到高级，上一层都要假定下一层。心灵活动的四阶段由低而高为认识的（直觉→概念）→实践的（效用→道德）。克罗齐著了四部哲学著作：一、《美学》，讨论第一度认识活动，即直觉；二、《逻辑学》，讨论第二度认识活动，即概念；三、《实践活动的哲学》，讨论经济的和道德的双度实际活动；四、《历史学》，讨论对已成事实的直觉。这四部著作就组成他的《心灵哲学》的全体。

② “意旨的定向”（direction of intention），来源待考。

人们假装不知道其实知道得很清楚的东西。

〔天才的各种形式〕 人类活动的形式既有四种，天才的形式也就有四种。在艺术、科学和道德的意志方面，有天才的人们或英雄总是得到承认的。纯粹的经济方面的天才却遭人嫌恶。特设一类来容纳坏天才或邪恶的天才也并非完全无理。实践的天才，仅是经济的天才，不用来达到有理性的目的，不能不令人害怕而又羡慕。“天才”一词是否只适用于审美的表现品的创作者，还是也可适用于科学研究者和实际行动者，这种争论只是关于用字的问题。在另一方面，如果说无论哪一种天才，都是一个量的概念和一个经验上的分别，这就是复述我们关于艺术天才所已说过的话。

〔第五形式的活动不存在：法律，社会性〕 心灵的活动没有第五形式。一切其它形式或是不具心灵活动的性质，或是上述四种活动的字面的变相，或是复合的派生的事实，其中各种活动混在一起，塞上个别的偶然的内容，这些道理都是容易说明的。

例如法律的事实，当作所谓客观的法律来看，是由经济的和逻辑的活动派生出来的。法律是一个准绳，一个公式（不管是口说的还是成文的），把一个人或一个团体意志所要的那一种经济关系规定出来，而这经济方面使法律与道德的活动既相结合，而又有分别。另举一个例来说，社会学（在它现有的许多意义之中）有时被认成研究叫做“社会性”那个特别原素的学问。我们要问：这社会性是人与人相交接——不是人以下的动物与动物相交接——所发展成的各种关系，它究竟有什么特征呢？它不正是人类所有而人类以下的东西所无，或仅具雏形的那些心灵活动么？社会性不是一个特别的、简单的、不可化为其它形式的概念，而是一个很复杂很含混的概念。要想找出一条可算纯粹的社会学的规律来，这是公认为不可能的。这个事实就证明了我们的学说。一些不正确地叫做社会学的规律，如经剖析，就可看出它们或是经验的历史的记载，或是心灵的规律（即心灵活动的各种概念所转变成的判断），或只是空洞游离的泛说，如所谓进化律。有时社会性只指“社会规则”，那就是指法律了；这样就把社会学和法律学混为一事了。法律，社会性，以及类似的概念都应该用我们曾用来检讨分析历史与技术的那个方法去处理。

〔宗教〕 宗教的活动好像是要另眼相看。但是宗教只是知识，和知识的其他形式并无差别；因为它总不外是三件事：（一）实践的希望和理想的表现（宗教的理想），（二）历史的叙述（传记），或（三）概念的科学（教条）。

因此，说宗教因人类和知识的进步而消灭，和说宗教是永远存在的，都一样有理。野蛮人的宗教就是他们的全部祖传的知识产业，我们的祖传的知识产业就是我们的宗教。内容是变过了，改善了，精微化了，在将来还要继续地变，改善，更精微化；但是它的形式总是一样。我们不懂得有一班人要宗教有什么用处，他们想把宗教保存住，与人类认识的活动、艺术、批评和哲学同等并立；要把宗教那种不完善的低劣的知识，与已经超过它驳倒它的那种知识同等并立。这实在是不可能的。天主教是始终一致的，如果科学、历史或伦理学和它的观点和教义相冲突，它都不容忍。理性主义者却没有那样始终一致，还愿在他们的灵魂中留一点地位给那和他们的全部认识不相容的宗教[①]。

现时在理性主义者中间盛行的宗教的虚伪和弱点，都由于对自然科学有过分的迷信的崇拜。我们自己知道，而他们的重要的代表也承认，这些自然科学四围全是限度。科学既被误认为与所谓自然科学是一件事，人们当然预料得到，限度以外的东西都要求之于宗教，这限度以外的东西也是人类心灵所不能放过的。所以我们要归功于唯物主义，实证主义[②]和自然主义，才有宗教兴奋这种不健康而且往往不诚实的复发病，这种病如果不落在政治家的手里，就应该落在医院里。

〔形而上学〕 哲学消除了宗教的一切存在理由，它自己代替了宗教。在心灵科学的地位，哲学把宗教看成一种现象，一个过渡的历史事实，一个可以跨过的心理状态。哲学与自然科学、历史、艺术四者分占了知识的领域。它把列举事例，测量和分类让给自然科学，把个别发生的事物的记载让给历史，把个别的可能的事物的表现让给艺术，此外就没有剩下什么给宗教了。同理，哲学，在心灵科学的地位，不能为直觉资料的哲学；并且我们已经说过，也不能为历史哲学或自然哲学；所以世间没有不研究形式与共相而只研究材料与殊相的那一种哲学的科学。这番话就无异于肯定

① “理性主义者”(rationalists)：基督教的神学旧分两派：一派以为教会的一切信条，如《圣经》所载的话，都是上帝启示给人的，人的理智不够了解，只应相信；这普通叫做“神启的宗教说”(revealed religion)。一派以为神启的就是合理的，人的理智所可了解承认的，宗教是可用哲学说明的；这普通叫做“自然的宗教说”(natural religion)。后一派较新，流为理性主义派。在近代，这一派想用学理来打破宗教与自然科学的冲突。

② 实证主义(positivism)：就是法国孔德所倡导的哲学。这派哲学以为人类进化必经神学的、形而上学的、实证科学的三阶段，它放开最初因和最终目的诸问题不谈。

了形而上学的不可能①。

历史方法论或历史的逻辑已代替了历史哲学，自然科学概念的认识论已代替了自然哲学。哲学对于历史所能研究的是历史的建构形态（如直觉品、知觉品、凭证、合理性之类）；对于自然科学所能研究的是组成它们的那些概念的形式（如空间、时间、运动、数、类型、类别之类）。如果把哲学看成上述意义的形而上学，它就不免要求与历史和自然科学争地盘，而在历史和自然科学自己的地盘上，只有历史和自然科学才是合法的，有效的。人们想拿哲学和历史和自然科学争地盘，就不能有什么结果，只显出他们的无能。在这个意义上说，我们是“反形而上学者”，同时也宣告我们是“极端形而上学者”，这名称是用来主张和肯定哲学功能就在心灵的自我察觉，以别于自然科学的功能仅是经验的和分类的。

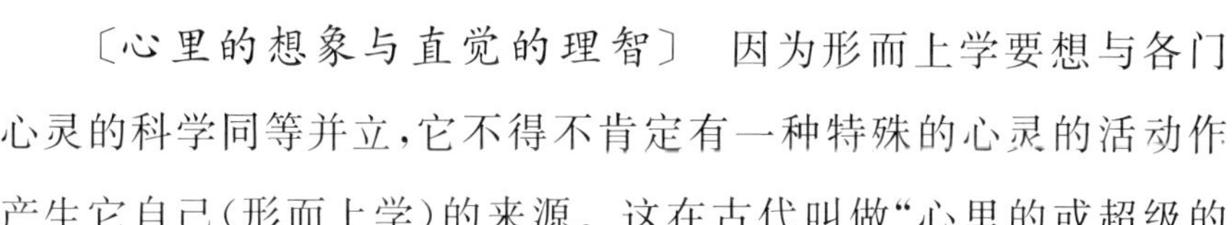

〔心里的想象与直觉的理智〕　因为形而上学要想与各门心灵的科学同等并立，它不得不肯定有一种特殊的心灵的活动作产生它自己（形而上学）的来源。这在古代叫做“心里的或超级的

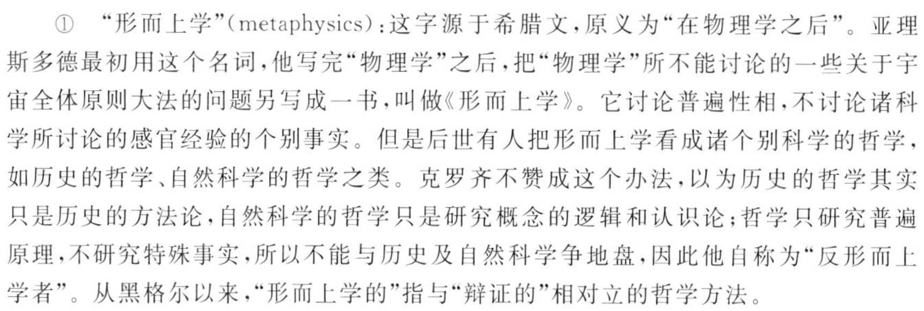

① “形而上学”（metaphysics）：这字源于希腊文，原义为“在物理学之后”。亚理斯多德最初用这个名词，他写完“物理学”之后，把“物理学”所不能讨论的一些关于宇宙全体原则大法的问题另写成一书，叫做《形而上学》。它讨论普遍性相，不讨论诸科学所讨论的感官经验的个别事实。但是后世有人把形而上学看成诸个别科学的哲学，如历史的哲学、自然科学的哲学之类。克罗齐不赞成这个办法，以为历史的哲学其实只是历史的方法论，自然科学的哲学只是研究概念的逻辑和认识论；哲学只研究普遍原理，不研究特殊事实，所以不能与历史及自然科学争地盘，因此他自称为“反形而上学者”。从黑格尔以来，“形而上学的”指与“辩证的”相对立的哲学方法。

想象”，在近代较常用的名称是“直觉的理智”或“理智的直觉”[①]。据说它兼有想象与理智的性质，构成一个完全特殊的形式。人们假定这种直觉的理智是一种工具，可以借演绎法或辩证法，从概念转到直觉，从无限转到有限，从科学转到历史，使用一种据说可以同时兼用来研究共相与殊相，抽象与具体，直觉与理智的方法。这倒是一种顶值得有的神奇的机能；但是我们没有这种神奇的机能，就无法确定它的存在。

〔神秘的美学〕 理智的直觉有时被认为真纯的审美活动。有时又另有一种同样神奇的活动被摆在它的旁边，下面或上面，一种与单纯直觉完全不同的机能。这机能是被颂扬过的。艺术的创造，或最少是勉强挑选出来的某几类艺术的创造，据说是要归功于它的。艺术，宗教和哲学，有时好像只是一个心灵的机能，有时又好像是三个不同的心灵的机能，它们中间有时是这一个，有时是那一个，在大家同享的尊严中称霸。

我们把这种美学的观念叫做“神秘的”[②]，它所取的或可能取的种种态度是数不清的。我们在这里简直不是置身于想象的科学境内，而是置身于想象本身境内，这想象采用印象与感受所供给的不同的材料来造成它的世界。我们只要指出一点就够了：这个神秘的机能有时被认成实践的；有时被认成认识与实践中间的媒介

① “直觉的理智”或“理智的直觉”(intuitive intellect of intellectual intuition)：理智与直觉像克罗齐所再三说明的，是两种不同的认识活动，是理智的就不能同时是直觉的。但是从前哲学家(如康德是著例)认为人类心灵有“理智的直觉”一种机能，把两种不同的认识活动合在一起，可能察觉本体。

② “神秘的美学”(mystical aesthetic)：特别指新柏拉图派的美学，重要的代表是普罗提诺(Plotinus 205—270)。

物，有时又被认成与哲学宗教并立的一种认识形式。

〔艺术的朽与不朽〕　人们有时从艺术与哲学、宗教鼎立这个看法推出艺术的不朽，因为艺术和它的姊妹们都属于绝对心灵的范围。有时人们认为宗教是可朽的，可以化为哲学，因此又宣告艺术的可朽，甚至已死或临死。这问题对于我们没有意义，因为艺术的功能既是心灵的一个必有的阶段，问艺术是否能消灭，犹如问感受或理智能否消灭，是一样无稽。但是上述意义的形而上学，既窜身于一个凭空设立的世界，我们毋庸从它的某些个别方面去批评它，正犹如我们毋庸批评亚尔契那花园①的植物学，或是阿斯陀尔浮②海程的航行术。我们要根本拒绝参加那玩艺儿，根本否定上述意义的形而上学，批评才可以存在。

所以在哲学中没有所谓理智的直觉，犹如在艺术中也没有和这种理智的直觉品相类似的东西，除掉意识所能察觉的心灵的四度以外，没有什么审美的理智的直觉。心灵没有第五度（让我们复述一遍）或一个最高的机能，无论是认识的，实践兼认识的，想象兼理智的，理智兼想象的，或是其它我们可能想象到的任何一种机能。

① 亚尔契那花园：亚尔契那（Alcina）是意大利诗人阿里奥斯托（Ariosto 1474—1533）的杰作《疯狂的罗兰》中的一个女巫，她住在一个妖园里，把她的情人都变成禽兽木石。

② 阿斯陀尔浮（Astolfo）：上述书中一个人物，游过乐园和月球，在月球上找到地球所丢掉的东西，连罗兰的神智在内。

第九章　论表现不可分为各种形态或程度，并评修词学

〔艺术的各种性质〕　人们常把艺术的性质列成很长的目录。本书既到了现阶段，既把艺术作为心灵的活动，作为认识的活动，作为一种特殊的认识活动（直觉的）研究过了，我们就可以见出那些繁复的判定艺术性质的话在实有所指时，不过是指我们已经见过的审美形式的类性、种性和个性①。可以化归类性的，如前所述，是"整一"、"变化中的整一"、"单纯"、"独创"等性质，以及这些性质的字面的变相；可以化归种性的是"真理"、"真诚"等性质；可以化归个性的是"生命"、"活力"、"生动"、"具体"、"个性"、"特性"等性质。字面可以变来变去，却不会贡献什么新的科学的真理。表现本身的分析在上述一些结论中就已完全竣事了。

〔表现没有形态的分别〕　在另一方面，这问题也许会起来：表现是否有各种形态或程度的分别？心灵的活动既分为两度，每度又各再分两度，这再分成的度中之一，直觉的（即表现）度，是

① "类性、种性和个性"（genera，species and individvality）：例如动物是类，人类是种，张三李四是个体。这里认识的活动是类，直觉的活动与理性的活动各是种，每个直觉品是个体。

否可再分为两个或更多的形态，或再分为表现的第一度，第二度，乃至于第三度呢？这样继续地再分是不可能的，直觉品（即表现品）的分类固可容许，却不是哲学的：有几多个别的表现的事实，就有几多个体，这些个体除掉同为表现品以外，彼此不能互换。用经院派的话来说：表现是一个种，本身不能再作为类。印象或内容是常变化的：每一个内容与任何其它内容不同，因为生命中从来没有复现的事物；内容的变化无穷，正相当于表现的形式（即各种印象的审美的综合）也变化无穷，不可分门别类。

〔翻译的不可能性〕　与这道理相关的一个道理是翻译的不可能性；如果翻译冒充可以改造某一表现品为另一表现品，如移瓶注酒那样，那就是不可能的。在已用审美的办法创作成的东西上面，我们如果再加工，就只能用逻辑的办法；我们不能把已具审美形式的东西化成另一个仍是审美的形式。每一个翻译其实不外（一）减少剥损，以及（二）取原文摆在熔炉里，和所谓翻译者亲身的印象融会起来，创造一个新的表现品。就第一个情形说，表现品始终还是原文的那一个，翻译既有几分欠缺，就不是真正的表现品；就第二个情形说，表现品确有两个，但是两个内容不同。“不是忠实而丑，就是不忠实而美”这一句谚语可以见出每个翻译者所必感到的两难之境。非审美的翻译，例如字对字的翻译，或是意译，对于原文都仅能算注疏。

〔评修词的品类〕　把表现品不正确地区分为各级，这在文学中叫做雕饰说或修词品类说[①]。不过在其它艺术中也有作同样

① “修词品类”（rhetorical categories）：修词学在欧洲从古希腊到现在都是一门重要的学问。修词学者喜欢把作品风格分类，古今中外皆然。我们只要记起（接下页注）

区分的尝试:我们只需提及关于图画雕刻所常用的字样如“写实的”和“象征的”形式之类。

“写实的”和“象征的”,“客观的”和“主观的”,“古典的”和“浪漫的”,“简单的”和“雕饰的”,“本义的”和“譬喻的”,“譬喻词的十四格”,以及字与句的修词格,“重复格”,“省略格”,“倒装格”,“重叠格”,“同义格”,“同形异义格”等等——这些和其它确定表现品的形态或程度的字样,如果要下明确的定义,就会显出在哲学的立场上是空洞的,它们不是捕风捉影,就是妄诞无稽。举一个代表的实例,比如“譬喻词”的最普通的定义是:“用另一个字来代替本义字。”请问:何必要讨这个麻烦呢?为什么要用非本义字代替本义字呢?明知有直路,为什么要绕弯路呢?也许像通常所说的,因为本义字在某些情形之下,没有所谓非本义字或譬喻词那样“富于表现性”。但是如果真是如此,那譬喻词在那里就恰是本义字,而所谓“本义”字就恰是“无表现性的”,所以也就是最不恰当的(最不本义的)。对于其它品类,我们也不难下同样基于真知灼见的评语。比如说“雕饰的”这个普通的品类,我们可以问:雕饰如何可以联上表现品?从外面联上吧?那么,雕饰与表现品总是隔开的。从内面联上吧?那么,它有两种可能,不是于表现品无益而有损,就是成为表现品的一部分,那就不是雕饰而是表现的一个要素,在它的整一体中不能划分和辨别。

修词的种种辨别贻害很多,是用不着说的,修词学虽常受攻

(接上页注)钟嵘的《诗品》,刘勰的《文心雕龙》以及司空图的《二十四诗品》之类文学批评要籍,就可以明白修词品类的重要性。在欧洲情形亦复如此。克罗齐承认这些品类名目在经验上有它们的方便,但是否认它们在哲学上有任何价值。

击，而人们所反对的只是它的后果，对它的原则却仍谨守（这也许为表明哲学立场的始终一致）。在文学中叫做“美文”或“修词文”的那种恶劣的作品如果不由修词学而猖獗，至少也是从它得到理论上的辩护。

〔修词品类的经验的意义〕　上述诸名词我们都是从学校里学习来的（只是从来没有机会在严格的美学讨论中用得着它们，至多只是拿它们开玩笑，带点喜剧的意味），假如不是它们往往可作下列三种意义来用：（一）审美概念的同义语，（二）反审美概念的表示，（三）不用于艺术和美学而用于科学与逻辑学（这是它们的最重要的用法），它们就不会走出学校的范围。

〔（一）这些品类名目用作审美事实的同义字〕　各种表现品，直接地按实地看去，不能分类；但是它们有些是成功的，有些是半成功的，有些是失败的。它们确有完善和不完善，成功和不成功的分别。上述各词以及其它类似的字样往往可以指成功的表现品以及各种失败的表现品。但是它们的这个用法是极不一致，极随便的，以至同是一字，有时用来称赞完善的作品，有时又用来诋毁不完善的作品。

比如有两幅画，一幅没有灵感，作者只呆笨地抄袭实物；一幅有灵感，但不很像实物；有些人会说前一幅是“写实的”，后一幅是“象征的”。另外有些人却不然，看到一幅画表现日常生活情景，很生动有情致，便说它是“写实的”；另一幅画只是一种枯燥的寓意画，便说它是“象征的”。在前一例中，“象征的”显然是指“艺术的”，“写实的”是指“不艺术的”；后一例却恰与此相反。难怪有些人热烈地主张真的艺术的形式必是象征的，写实的就不艺术；另一派人却作完全相反的主张。我们只好承认双方都对，因为每方用同样的字，却用不同样的意义。

关于“古典主义”与“浪漫主义”的大争辩也往往起于这种字义的暧昧。有时“古典的”是指在艺术上是完善的，“浪漫的”则缺乏平衡，不完善；有时“古典的”是指枯燥的，做作的；“浪漫的”则为纯粹的，温暖的，有力的，真正富于表现性的。因此，站在“古典的”一边反对“浪漫的”，或站在“浪漫的”一边反对“古典的”，都很可能同样有理。

“风格”一词也有同样的暧昧。有时据说每一个作者必须有风格；这里风格即指表现的形式。有时又据说一部法典或一部数学著作的形式没有风格，这又是犯了承认表现有各种形态的错误，以为表现有雕饰的，有赤裸的；其实风格既是形式，法典与数学著作，严格地说，也必各有风格。有时我们听到批评家们责备人“风格太多了”，或“照一种风格写作”。这里风格显然不指形式，或某种形态的形式，而是指不正当的矫揉造作的表现，一种不艺术的形式。

〔（二）它们用来指各种审美的欠缺〕　这些字样和分别也有一个并非毫无意义的用处，例如讨论一篇文学作品时，我们常听到这样的话：这是一个重复格，这是一个省略格，那是一个譬喻格，这又是一个同义格，或一个意义暧昧的字。意思就是说：这是犯了用许多不必要的字的错误（重复格）；这里错误却在用字太少（省略格）；这里错误在用字不恰当（譬喻格）；这里错误在用两个像是说两件事而实在只说一件事的字（同义格）；这里恰恰相反，一个字像是说一件事而实在是说两件不同的事（意义暧昧）。这些名词这样用来指责毛病，没有前一条所说的那个用处那样普通。

〔（三）它们超出审美范围而用于科学的意义〕　最后，修词学的术语有时虽没有如上所说的那种审美的意义，我们却以为它们也并非毫无意义，所指的东西确实值得注意，那就是它们用于逻辑学和科学的意义。假定了一个作家对一个科学的概念本来自有一个固定的字来表示，但是他发见这字以外，还有其它的字是人们惯用来表示同样意义的，于是他也偶尔用这些字。对于他本来自定作该意义用的那个固定的字而言，这些旁人惯用而他也跟着用的字当然就变成有譬喻、同义、省略之类的分别了。我们自己在本书就常用，而且还要用这种语言，用意在使人容易明白我们自己用的或旁人用的一些字的意义。但是这种用法在科学和哲学的批评讨论中虽有价值，在文学和艺术的批评中却毫无价值。科学里有本义字也有譬喻字，同一概念可以在不同心理环境之下形成，所以也须用不同的语言来表现，可是一个科学家既已在这些不同的字样中抉择了某一个为恰当的，既已规定了他的科学的术语，于是一切其它的字就都是不恰当或借用的了。但是在审美的事实中只能有本义字：同一直觉只能有同一而且唯一的表现方式，正因为它是直觉而不是概念。

〔修词学在学校里〕　有些人虽承认修词品类在审美的观点上不存在，却仍相信它们的效益，以为它们在研究文学的学校里尤其有功劳。我们却不能了解错误与混淆如何能训练心智作逻辑的分辨，或是有助于为它们所扰乱而且弄昏了的一门学问的教学。人们也许以为这些分别，就其为经验的分类而言，可以帮助学习和记忆，像我们在前面关于文艺的种类所承认的。我们对这一层并不反对。修词品类还另有一个目的须留在学校里，就是留在学校里受批评。过去的错误的学说不宜忘掉不谈，因为各种真理都要在和错误斗争之中，才能维持它们的生命。我们如果不把修词品类加以说明和批评，它们就有复兴的危险，我们不妨提及，它们正充作最新的心理学的发见，在一派语言学家中间复兴起来了。

〔诸表现品的类似点〕 从上面的话看，我们好像想否认不同的表现品或艺术作品之中有任何类似点来联系。类似点确存在；根据这些类似点，我们才能把艺术作品安排在这个或那个组别里。但是这些类似犹如在许多人中所可发见的类似点，不能看成有概念的定性。这就是说，这些类似纯是所谓“一家人相像”，起于诸作品所由发生的历史背景以及艺术家们中间的心灵相通的渊源；我们如果把同一、附属、并行以及表示其它概念关系的字样用到这些类似上面去，便不正确。

〔翻译的相对的可能性〕 就因为有这些类似点，翻译才有相附的可能性；不作为原表现品的翻板（这是翻译所做不到的），而作为类似的表现品的创作，与原文有几分相近。好的翻译是一种近似，自有独创的艺术作品的价值，本身就站得住。

第十章 各种审美的感觉以及美与丑的分别

〔感觉一词的各种意义〕 进一步来研究一些较复杂的概念，在这些概念中审美的活动须与它类事实合在一起看，并且来说明这些概念如何联合或复杂化，我们首先就要讨论“感觉”一个概念和一些叫做“审美的”感觉。

在哲学术语中，“感觉”是意义最丰富的一个字。我们前已遇见过它一次[①]，它是用来指在被动状态的心灵，即艺术的素材或内容的许多名词之一，所以它与“印象”同义。我们另有一次遇见过它[②]，意义却完全不同，它是指审美的事实的非逻辑性和非历史性，那就是纯粹的直觉，是既不界定概念又不肯定事实的一种真实。

〔感觉当作活动〕 但是感觉在本章不作上述那两种意义用，也不作指心灵的其它认识形式那些意义用（它时常是这样用的），但只当作一种特殊的心灵活动[③]，其性质是不关认识的，有

① “感觉”即 feeling，参见第 18 页注②。

② 审美事实的非逻辑性和非历史性，见第 3 章，但是克罗齐在那里并未用“感觉”这个名词。

③ 心灵活动，原文只是“活动”（activity）。克罗齐以为只有心灵才有活动，活动即认识与实践的总称。它与“被动”对立，“被动”是“自然”的特征，所以心（接下页注）

“快感”和“痛感”的正负两极。

这个活动常使哲学家们很受窘，他们不是否认它为活动，就是把它归到“自然”里，不把它摆在心灵的范围之内。但是这两个看法都有许多很大的困难，任何人如果仔细想过，都不会接受它们。因为我们既然除非把活动当作心灵的性相，把心灵的性相当作活动，对于活动与心灵的性相就别无所知，所谓非心灵的活动或“自然的活动”究竟是什么呢？这里“自然”在定义上就只是被动的，惰性的，机械的，物质的。就另一方面说，否定感觉有活动的性质又绝对不行，现于感觉中的快感痛感两极就显出具体的而且可以说是生动的活动。

〔感觉与经济活动的统一〕 这个批判的结果应该使我们特别感到极大的困难，因为在上文心灵系统的概要中，我们没有留一个地位给我们不能否认的这个新活动。但是感觉的活动，虽是活动，却并不是新的。在我们所略述概要的心灵系统中它本已分得地位了，不过另有一个名称，那就是“经济的活动”。叫做“感觉”的活动不过是我们曾认为与伦理的活动有别的那一种较简单而基本的实践活动，它只是起于要达到私人且标的欲念和意志，不经过道德的决定。

〔评快感主义〕 感觉之所以往往被认成一种有机的或自然的活动，那是由于它不能与逻辑的、审美的或伦理的活动相混。从那三种活动（只有这三种是承认过的）的观点来看，感觉像是不在真正的心灵的范围之内，几乎只是一种自然的决定，或是心灵在未

(接上页注)灵与自然对立。被动是素材，活动才有形式，所以素材与形式的对立，也就是自然与心灵的对立。这里我们用心灵活动，以便读者易于了解，读者须记住克罗齐所谓活动都是心灵活动。

脱自然状态时的决定。从这个看法，另一个常提出来的学说的真理也可见出：就是以为审美的活动，像伦理的和理智的活动一样，并非感觉。感觉既已被默认为经济的意志，这个学说是不可反驳的。这学说所驳斥的是“快感主义”①。快感主义把一切心灵的形式都简化成一种，而这一种形式也就因此没有特性，变成一种暧昧的神秘的东西，如同“一切牛在深夜里都显得是乌黑的”。既然做到这步简化和剥夺，快感主义者在活动中于是就只看见快感与痛感而看不见其它的东西。在艺术的快感与消化通畅的快感之中，在善良行为的快感与张开肺腑呼吸清新空气的快感之中，他们都看不出有什么重要的分别。

〔每种活动都有感觉陪伴〕　但是依本章所下的定义，感觉的活动虽不能代替一切其它形式的心灵活动，我们却并非说它不能陪伴它们。它其实必须陪伴它们，因为它们一方面彼此互有密切的关系，一方面又各与基本的意志的形式有密切的关系。所以它们各有个别的意志以及生于意志的叫做感觉的快感和痛感做陪伴。但是我们不应把陪伴混为主体，以此代彼。真理的发见，或道德责任的完成，都引起我们的欢欣，使我们整个生命震颤；我们因为达到这两种心灵活动的目的，同时也就达到这两种活动在实践上所趋赴的目的。不过经济的或快感的满足，伦理的满足，审美的满足，理智的满足，四者虽如此相连，却仍各各不同。

① 快感主义(hedonism)：要旨是人类行为都受快感与痛感的决定，不是趋乐，就是避苦。英国功利主义派哲学家边沁和穆勒都提倡快感主义。在美学上快感主义把艺术所产生的快感与一般感官方面的快感混为一谈。这种看法从古希腊到现在都有人主张。这字普通译为“享乐主义”，带有纵欲的意味，不妥。

一个常问到的问题(这确实像是美学生死攸关的问题)也就因此得到解答:感觉与快感还是在审美事实之先,还是在后;是原因还是结果呢?我们须先把这问题放大,使它包括各种心灵活动中间的关系,然后回答说:在心灵的整一体中,我们不能谈原因和结果和时序上的先后。

上文所说明的关系既已成立,审美的、道德的、理智的,甚至有时叫做经济的,各种活动所伴的感觉性质如何,就不必研究了。就经济的感觉而言,很显然的那不是两个而只是一个名词,研究经济的感觉势必就是研究经济的活动。就其余三项而言,我们应注意的不是那名词(感觉)而是那形容词(审美的等等):"感觉"之上有"审美的"、"道德的"和"逻辑的"说明它的性质,就可以说明它如何着色成为审美的、道德的和逻辑的;至于孤立地研究感觉本身,就无从说明那些返光和着色。

〔感觉中几个常见分别的意义〕 由此可以得出另一个结论:我们无须再保留一些著名的分别,例如价值或价值的感觉与只关快感不关价值的感觉的分别,无所为而为的快感与有所为而为的快感的分别[①]。客观的感觉与非客观的(即只是赞许或纯快感的)主观的感觉(可与德文 gefallen 与 vergnügen 的分别[②]参较)等

① "有所为而为的快感与无所为而为的快感"(interested and disinterested pleasures):interest 这字有实际利害的意义,关系实际利害,带实用目的的活动是"有所为而为的",不关系实际利害,不带实用目的的活动是"无所为而为的"。这个分别是康德提出的,他认为审美只产生无所为而为的快感。

② 德文 gefallen 与 vergnügen 的分别是被动与主动的分别,前者可译"物使我怡悦",后者可译"自己怡悦"。

等。这些分别原意在使真善美三种心灵的形式不与第四种形式相混，这第四种形式究竟是什么，还没有人知道，所以游离不定，酿成许多笑话。在我们看，这三种形式就已完备了，因为我们可以更直接地见出上述分别，如果把自私的、主观的、仅为愉快的感觉也纳入心灵的较有体面的几种形式中去[①]，从前把价值的感觉与仅为快感的感觉的对立，看成心灵性相与自然性相的对立（我们和旁人都这样看过），以后我们就只把它看成价值与价值之中的分别了。

〔价值与反价值：对立面及其统一〕 感觉或经济的活动如上文所说，分为正负两极，快感与痛感；这可以拿"有用的"与"有害的"两词来代替。这正负两极如上文所说，是感觉的活动性的特征，而且在一切形式的活动中都可见出。如果这一切形式的活动都是价值，它们就各有"反价值"和自己对立[②]。无价值不一定就是反价值，要有反价值，必须活动与被动互相挣扎，互不相下；因此这种迷惑不知所措的受阻碍的活动就现出矛盾与反价值。价值是自由生展的活动，反价值则与此相反。

对这两个名词既下了这个定义，我们就可安心了，无须再进而讨论价值与反价值的关系，即诸对立面的问题（那就是它们是否应作两元的去看，看作两个实在或两类实在，如同善神与恶神、天仙和魔鬼，互相仇视，或是看作一个统一体，统一体其实也含对立

① 指上文所说的真善美。

② "价值"（value）与"反价值"（antivalue）：例如"善"是价值，"恶"便是它的反价值。心灵活动自由发展，则有成功的表现，理解或道德行为，即有价值；它与被动矛盾冲突而不能克服，则有不成功的表现，理解或道德行为，即有反价值。

面)。我们的目的在阐明审美活动的性质,而且目前在阐明美学中一个最暧昧最惹争辩的概念,即美的概念,价值与反价值两词如上定义已经够用了。

〔美当作表现的价值或干脆地当作表现〕 审美的、理智的、经济的和伦理的价值与反价值,在流行语言中有各种称呼,例如"美"、"真"、"善"、"有用的"、"方便的"、"公平的"、"正确的"等等,指心灵活动的自由生展,即成功的行动,科学研究,和艺术创造;"丑"、"伪"、"恶"、"无用的"、"不方便的"、"不公平的"、"错误的"等等,指迷惑的失败的活动。这些字在语言习惯上不断从某一类事实移用于另一类事实。例如"美"不但用来指成功的表现,而且也用来形容科学的真理,成功的行动,和道德的行动,例如说"理智的美"、"美的行动"、"道德的美"。要想适应这些变化无穷的习惯用法,就会闯进字面主义的迷途,许多哲学家和美学家们都曾这样迷过路。因为这个道理,我们一直到现在都小心避免用"美"字来指成功的表现这种正价值。但是既经许多说明,误解的危险已消灭了,而且我们也看得出,在流行语言中与在哲学中,占势力的倾向是把"美"字的意义限用于审美的价值,所以我们觉得以"成功的表现"作"美"的定义,似很稳妥;或是更好一点,把美干脆地当作表现,不加形容字。因为不成功的表现就不是表现。

〔丑,丑中之美的因素〕 因此,丑就是不成功的表现。就失败的艺术作品而言,有一句看来似离奇的话实在不错,就是:美现为整一,丑现为杂多。所以我们常听到有几分是失败的艺术作品的"优点",这就是其中"一些美的部分";完美的作品就没有这种情形,我们不能列举它们的优点,指出某某部分为美,因为它们既是完整的融会，通体就只有一种价值。生命流注于全体，不退缩到某某个别部分。

不成功的作品可以有各种程度的优点，甚至于最卓越的优点。美并没有程度上的差别，所谓较美的美，较富于表现性的表现，较恰当的恰当，是不可思议的。丑却不同，它有程度上的差别，从颇丑（或几乎是美的）到极丑。但是如果丑到极点，没有一点美的因素，它就因此失其为丑，因为它没有借以生存的矛盾[①]。反价值就会变成无美价值，活动就会让位给被动，不和它争斗；有活动与被动对抗，才有矛盾冲突。

〔不美不丑的表现品不存在〕 分别美丑的意识所根据的是审美活动借以发展的冲突与矛盾，因此当我们从最繁复的表现品递降到简单的以至于最简单的表现品时，分别美丑的意识当然就逐渐薄弱以至完全消失。于是有一种错觉因之而起，以为有些表现品，即得来不费工夫，容易而自然的表现品，是不美不丑的。

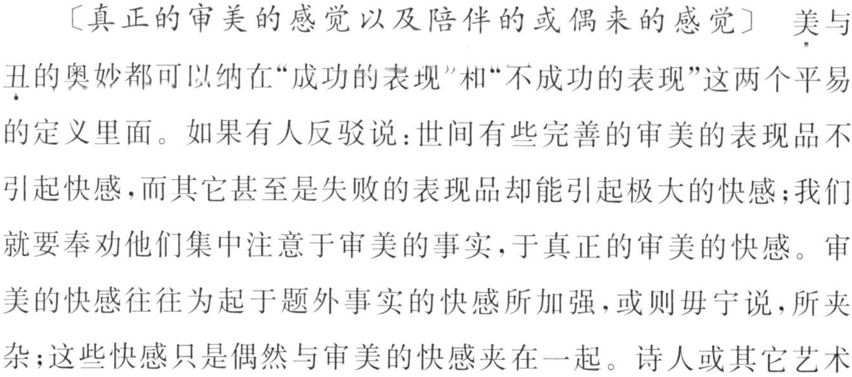

〔真正的审美的感觉以及陪伴的或偶来的感觉〕 美与丑的奥妙都可以纳在“成功的表现”和“不成功的表现”这两个平易的定义里面。如果有人反驳说：世间有些完善的审美的表现品不引起快感，而其它甚至是失败的表现品却能引起极大的快感；我们就要奉劝他们集中注意于审美的事实，于真正的审美的快感。审美的快感往往为起于题外事实的快感所加强，或则毋宁说，所夹杂；这些快感只是偶然与审美的快感夹在一起。诗人或其它艺术

① 极丑失其为丑，丑是一种反价值，起于活动与被动的矛盾，极丑则活动消失，全是被动，没有矛盾，它就不是对价值而言的反价值，只是无关价值（non-value）。

家在初次见到(直觉到)他的作品,在他的印象获得形式,而他的面孔放射出创造者的神圣的喜悦的时候,他所感到的就是纯粹的审美的快感。就另一方面说,一个人做了一天工作,进戏院去看喜剧,他所尝到的就是一种混合的快感:休息与娱乐的快感,笑着在他的棺材上拔去一根钉似的快感,这种快感只是剧作者与演剧者的来自艺术的真正审美快感的陪伴。一个艺术家工作完成时,看着自己的工作所生的快感也是如此,在真正的审美的快感之外,他还尝到一种完全不同的快感,由于沾沾自喜的心情得到满足,甚至想到他的作品所能得到的经济的利益①。

〔评外表的感觉说〕 在近代美学中还另设一类审美的感觉,叫做“外表的感觉”②;它们不起于形式,不起于艺术作品本身,而起于作品的内容。人们常说:艺术的表象所引起的快感与痛感有无数变化。我们陪着戏剧或小说中的人物,图画中的形体,或音乐的曲调一齐焦急发抖、欢欣鼓舞、胆战心惊、笑、哭或想望。但是这些感觉却不像艺术之外实际生活所当引起的感觉那样;或则说,它们和实际生活的感觉在性质上相同,不过在分量上是冲淡了的。

① 这段主旨在说明审美的快感与非审美的快感的分别。审美的快感起于见到成功的表现,非审美的快感起于实用需要的满足,例如有些颜色使我们生快感,完全由于它适合生理要求或唤起愉快的联想,青色就是如此,眼睛喜看青色,因为它的刺激适合眼睛的组织,而且唤起田园宁静新鲜的联想。这不能算是审美的快感。在一幅画中青色是一个完整谐和的形象之中一个因素,有表现性,才能映起审美的快感,近代实验美学的一个根本错误在于忽视这个分别。

② “外表的感觉”(apparent pleasures)也许叫做“同情的感觉”(sympathetic pleasures)还更妥当。例如看《水浒》武松打虎一段,未把虎打杀以前我们和武松一样提心吊胆,既把虎打杀,我们和他一样兴高采烈。这些都是实际生活中的感觉冲淡了的。

审美的外表的快感和痛感看来是较轻微些，浮浅些，流动些。我们在这里无须讨论这些“外表的感觉”，理由是我们已经讨论得很多了；一直到现在，我们都在讨论它们。它们究竟是什么呢？可不就是一般感觉经过对象化，经过直觉和表现么？它们当然不能像实际生活中的感觉那样热烈生动地搅扰我们，因为那些感觉是素材，而它们是形式，是活动；那些感觉是真正生活中的感觉，而它们是直觉品，表现品。“外表的感觉”一词，在我们看，不过是一个赘词，我们可以毫无顾忌地把它一笔勾销。

第十一章　评审美的快感主义

快感与痛感本寓于一切经济的活动，而且陪伴着一切其它形式的活动。一般的快感主义就从此出发。我们反对这个学说，因为它把能容者与所容者[①]混为一事，除快感的作用以外不承认其它作用；因此我们也就反对这个学说的一个支派，审美的快感主义；这虽不把一切活动，至少把审美的活动，看成只是一种感觉[②]，而且把产生快感的表现品（这就是美的东西）和只是产生快感的（美感以外产生快感的）东西相混。

〔评美与高等感官的快感的混淆〕　审美的快感主义的看法有几种。一个最古的看法是把美的东西看作凡是可使耳目，即所谓"高等感官"，发生快感的东西。从前人开始分析审美的事实时，总难免把一幅画或一曲乐看成视觉或听觉的印象那一个误解，并且很难正确地解释瞎子不能欣赏画，聋子不能欣赏音乐那一个浅显的事实。审美的事实并不依靠印象的性质，任何感官的印象都可以提升到审美的表现，却不一定就必须提升到审美的表现。要把这番道理显示出来，像我们所显示的，颇非易事，只有把这问

① 能容者指各种心灵活动，所容者指痛快感觉。
② 这就无异于不承认有一种特殊的活动为审美的活动。

题的一切其它可能的学说都试过以后，才会见出这道理。任何人主张审美的事实就是使耳目生快感的东西，都无法辩驳另一派人的主张，以为美的东西就是一般产生快感的东西，烹调术，或是（像有些实证主义者所称呼的）“胃口美”，也应包括在美学里。

〔评游戏说〕　游戏说[①]是另一种审美的快感主义。游戏这个概念往往可助人了解表现的活动性：据说人在未开始游戏时，还不真正地是人（在开始游戏时，他才把自己从自然的机械的因果律解放出来，作心灵的活动），人类最初的玩艺就是艺术。但是“游戏说”既也指发泄身体的富裕精力所产生的快感（这是一种实践的事实），它就不免要承认任何玩艺都是审美的事实，或承认艺术就是一种玩艺，因为像科学和任何其它东西，艺术也可以作为玩艺的一个节目。只有道德不能起于游戏的意志（道德永不会被人认为起源于游戏），相反地，游戏的行动却要受道德的节制。

〔评性欲说与胜利说〕　最后，有些人设法把艺术的快感看成性欲的快感的回响，还有些最近的美学家很有把握地把审美的事实溯源到征服和胜利的快感，或是像另一些人所补充的，溯源到男人要征服女人的欲念[②]。这个学说还有许多关于野蛮风俗的传

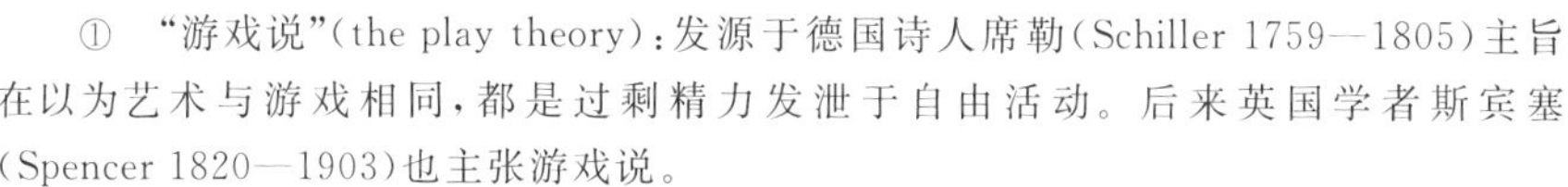

① “游戏说”（the play theory）：发源于德国诗人席勒（Schiller 1759—1805）主旨在以为艺术与游戏相同，都是过剩精力发泄于自由活动。后来英国学者斯宾塞（Spencer 1820—1903）也主张游戏说。

② 奥国心理学家弗洛伊德是性欲说的著名的倡导者。他以为性欲本能最强，受道德、宗教、法律等等社会力量的压抑，于是沉到隐意识里去；力量仍在，时图爆发，文艺把这种潜力引导发泄于社会所允许的途径。胜利说的倡导者是弗洛伊德的弟子阿德勒（Adler），要旨在人发觉自己有缺陷，便起“在上意志”（the will to be above）或“男性的抗议”，不但把缺陷弥补起来，而且还超过没有缺陷时所能做到的程度。

闻作证，那究竟有多少可靠，只有天知道！其实并不必求证于野蛮人，在普通生活情况中，我们就常看到诗人们用他们的诗作自己的装饰，像公鸡耸冠，火鸡张尾那样。但是任何人这样做，就他这样做来说，就失其为诗人，变成一个可怜的傻瓜，一个像公鸡火鸡的傻瓜，而且征服女人的欲望也与艺术毫不相干。这种学说不正确，正犹如看到从前有宫廷诗人，而现在也有卖诗帮助生活，纵然不完全靠卖诗过活的诗人，就说诗是"经济的"产品。这种推理和定义已替唯物史观吸引了一些热烈的信徒。

〔评同情说的美学。内容与形式在同情说中的意义〕另一个不像前一说那样粗俗的思潮把美学看成研究同情的科学，研究凡是我们所同情的，凡是能吸引、能引起欢欣、能引起快感和赞赏的东西。但是同情的东西不过是引起快感的东西的意象或表象。唯其如此，它是一个复杂的事实，其中有一个不变的因素，即表象的审美的因素，有一个变动的因素，即由种种不同价值所产生的无数种类的快感的因素。

在日常语言中，人们常不愿意把一个表现品称为"美的"，除非那个表现品是表现同情的。因此，美学家和艺术批评家的见解与寻常人的见解常相冲突，寻常人很难相信苦痛和卑鄙的形象能够美，或至少怀疑这种形象有资格可以和产生快感的善的事物的形象比美[①]。

如果我们分出两种科学，一个研究表现，一个研究同情；如果同情的东西不像我们所说的那样复杂而是特种科学的研究对象；

---

① "同情说的美学"(the aesthetic of the sympathetic)主张艺术的题材须能引起观众的道德的同情。18世纪英国博克(E. Burke)是同情说的代表。

上述冲突也许可以化除。如果把重点放在表现的事实，它就归入美学，即表现的科学；如果把重点放在产生快感的内容，我们就回到关于本质是快感的（功利的）事实的研究，不管这些事实如何复杂[①]。还有一种主张把内容与形式的关系看成两种价值的总和，那也可以溯源到同情说。

〔审美的快感主义与道德主义〕　上述诸学说都把艺术看成只关快感的事物。但是审美的快感主义是站不住的，除非它结合上一般的哲学的快感主义，不承认快感之外有任何其它形式的价值。哲学家们若是承认一个或一个以上心灵的价值，如真理或道德，他们每遇到下列问题必须提出时，就不大肯接受这种快感主义的艺术观。这些问题是：艺术应做的事是什么？它应该有什么用处？它所生的快感是否可以放纵呢？到什么程度为止呢？如果美学当作表现的科学，“艺术目的”这个问题是不可思议的，如果美学当作同情的科学，这个问题就有一个明显的意义，需要解答。

〔道学否定艺术，教书匠辩护艺术〕　解答显然只有两种，一种是完全反对艺术的，一种是对艺术要加限制的。头一种可以叫做“道学的或苦行者的”答案，在思想史上虽不常见，却也见过几次。它把艺术看成感官的麻醉剂，所以不但无用而且有害。我们应该竭力使人类心灵解脱艺术的骚扰。另一个答案可以叫做“教书匠的，或道德兼功利的”答案，它收容艺术，但是要它合于道德的目的，用纯洁的快感推助人向作者所指的真与善两条路走，要它在

① 这段主旨在反对把道德的同情所生的快感与审美的活动所生的快感混为一事。

装智慧与道德的杯口上涂上甜蜜。

如果把教书匠的看法分为两种，一种是理智主义的，以艺术的目的在引人向真；一种是道德兼功利主义的，以艺术的目的在引人向实践的善，这种分别却是错误的。勉强把教育职责加给艺术，既是一个预求预计的目的，就不复纯是认识的事实，而是认识的事实变成实践行动的根据；所以它不是理智主义而是教训主义与实用主义。其次，教书匠的看法也不能分为纯粹功利主义的和道德兼功利主义的两种，因为人们若是只承认个人的满足（个人的欲望），他们就是快感主义者，正因为他们如此，他们就无需替艺术寻出一个究竟的目的。

我们讨论到现阶段，解释了这些学说，就无异于驳倒了它们。我们只需说：在教书匠的艺术观之中可以寻出另一理由，说明何以有人错误地主张艺术的内容必经选择，以求达到某些实践的效果。

〔评纯美说〕 艺术只关“纯美”说有时被人提出来反对快感主义的与教书匠的美学，而且为艺术家所热烈赞许：“上天把我们的一切欢乐都放在纯美里，诗就是一切。”[①]如果这一说是指艺术不应与感官的快感（功利的实用主义）相混，也不应与道德的实践相混，则我们的美学就应该可以戴上“纯美的美学”一个头衔。但是如果它是指（它实在常指）什么神秘的、超经验的、我们可怜的人类世界所不知道的、精灵的、神佑的东西，而不是表现，则我们必须回答说：我们既然认为美纯是心灵的表现，就不能想象到有哪一种美比这更高，更不能想象到美可以没有表现，美可以脱离它本身。

① 意大利诗人邓南遮（Gabriele d'Annunzio 1864—1938）的话。

第十二章　同情说的美学和一些假充审美的概念

〔假充审美的概念和同情说的美学〕　同情说曾引生一系列的概念，使它们流行于各派美学中（两种影响对它推波助澜，一是全凭幻想的形而上学的带神秘色彩的美学，一是假定在同一作者在同一著作中随便摆在一起的东西之中有逻辑的关联那一个盲目的传统看法），我们只需列举这些概念，就可以见出我们在本书中要坚决驳斥它们的道理。

这些概念的目录甚长，简直数不完：悲剧的，喜剧的，雄伟的，起怜悯的，动人的，可笑的，悲伤的，愁惨的，悲喜剧夹杂的，诙谐的，雄壮的，尊严的，郑重的，严肃的，有气派的，高贵的，装饰的，秀美的，有吸引力的，激烈的，娇媚的，田园的，哀婉的，怡适的，暴烈的，直率的，酷虐的，卑鄙的，可恶的，可嫌的，可怕的，令人作呕的，这个名单可以任意拉长。

因为同情说以唤起同情的东西为特殊对象，它当然不会忘记这一类东西的一切变种，一切混种和一切等级，从唤起同情的东西最高贵最强烈的表现，一直递降到它的相反者，起反感的和起嫌恶的东西。起同情的内容既然被认为"美"，起反感的内容既然被认为"丑"，一些变种（如悲剧的，喜剧的，雄伟的，起怜悯的之类）对于这种美学就形成在美与丑之中的各种等级与各种细微差别了。

〔评艺术丑与征服丑的学说〕 同情说的美学既尽其所能,列举这些变种,而且把它们下了定义,于是就来讨论丑在艺术中应占什么位置的问题。这问题对于我们却没有意义,我们不承认有丑,只承认有反审美的,或不表现的,这永远不能成为审美的事实的一部分,因为它是审美的事实的对立面。但是在我们所批评的这个学说中,这问题的提出与讨论就足见在它所根据的、谬误的有毛病的艺术观(把艺术简化为起快感的事物的表象)与范围较大的真正的艺术观之中,有设法调和的必要。因此它勉强设法确定某些"丑"(起反感的)的实例,为什么理由,用什么方法,可以容纳到艺术的表现里面去。

它的答案是:丑先要被征服,才能收容于艺术,不可征服的丑,例如"可嫌的"和"令人作呕的",就不能收容于艺术。还有一层,丑容纳于艺术时,它的职责在借反称来加强美的效果(美的就是起同情的),起快感的事物借这些反称而显得更有力,更叫人欢喜。快感来在禁戒与苦痛之后,愈见得强烈,这本是老生常谈。所以丑在艺术中也被看对于美有功效,它对审美的快感是刺激剂和调味剂[①]。

同情说的美学倒塌了,那个改良的快感主义,称呼很堂皇的"丑的征服"说,以及上述那些与美学毫不相干的一些概念的名目和定义,也就随之倒塌了。美学不承认有起同情的,起反感的,以及它们的变种,它只承认有表现那种心灵的活动。

---

① 丑被征服以后才能收容于艺术,产生"雄伟的"、"喜剧的"之类印象,这是19世纪德国学者佐尔格(Solger 1780—1819),梵依斯(Weisse 1726—1804)诸人的主张。

〔各种假充审美的概念属于心理学〕　不过上述那些概念在许多美学著作中既占过重要的地位，我们就应对它们的性质作一个较详尽的说明。它们应该有什么样的地位？从美学中排出了，它们应该被哪一部门哲学容纳呢？

它们实在无地可容身，因为它们都没有哲学的价值。它们不过是一些分类，这些分类可以用极不一致的方法去分，也可以随意增加，来把人生的一切价值与反价值的无穷组合与分别都归纳到一起。它们之中也有些具有特别积极的意义，例如美的，雄伟的，弘大的，庄严的，郑重的，重大的，高贵的，感发兴趣的之类；有些只具有主要的是消极的意义，例如丑的，起痛感的，可恶的，可怕的，过大的，奇怪的，枯燥的，夸张的之类；也有些具有混合的意义，例如喜剧的，温柔的，愁惨的，诙谐的，悲喜剧夹杂的之类。这种复合是无穷的，因为个别事物是无穷的；因此，我们无法建立这些概念；除非用自然科学的勉强求近似的方法，把它们既不能悉举又不能以哲理思考了解和征服的那个实在界，尽量作最妥善的分类。心理学既是一种自然科学，任务在就人的心灵生活建立一些类型与系统（这个科学的性格纯粹是经验的与描写的，现在已日渐明显了）。上述诸概念既不属于美学，又不属于一般哲学，就只好交给心理学了。

〔这些概念不能有严格的定义〕　上述诸概念，像一切其它心理学的建构一样，不能有严格的定义，因此也就不能互相推演，由此得彼，也不能联络成为一个系统。尽管有人常作这样企图，也总是浪费时间而得不到好结果。替它们下哲学的定义既已公认为不可能，就是退一步找公认为真确的经验的定义也还是不可能，因为经验的定义总不是唯一的而是无数的，随下定义的情形和目的而异,不能为某一单独事实下一单独定义,很显然,如果只有一个唯一的定义有真理的价值,它就不是经验的定义而是严格的哲学的定义了。就事实说,上述诸名词中随便哪一个每次被人运用时,同时也就被人给了一个明白说出的或是默认的新定义。这许多定义彼此相较,在某一点上总有些差别,尽管差别很微,每一定义总是暗中针对某一个别事实,本来只是当时注意所及的特殊对象,却被提升到一个普遍类型的地位;所针对的个别事实不同,定义也就因而不同。因此,这些定义中没有一个能使作者或听者满意。因为过了一些时候,他又碰见一个新事例,看出原来那个定义用到这上面来,多少有一点不够,不恰当,需要略加修改。所以我们应让作者或说话者自由替雄伟的,喜剧的,悲剧的,或诙谐的诸词下定义,随当前的时宜,适应当前的目标。如果要一个有普遍性的经验的定义,我们只能提出这样一个:雄伟的(或是喜剧的,悲剧的,诙谐的等等)就是由已用或将用这些字眼的人们这样称呼它或将要这样称呼它的一切事物。

〔实例:雄伟的,喜剧的,诙谐的诸词的定义〕 “雄伟的”是什么呢?一种惊人的道德力量的不期然而然的出现:这是一个定义。但是另一个定义对于虽是惊人的而却是不道德的、破坏力量的出现,也承认它是雄伟的。这也并不比前一个定义差。这两个定义都含混而不精确,须等到一个具体的情境,有一个实例,才能把“惊人的”和“不期然而然的”所指的意义弄明白。它们都是量的概念,但是“量”也并不准确,因为没有方法可以测量它们;它们骨子里都是譬喻词,或是逻辑的赘词[①]。

① “雄伟的”(the sublime):讨论“雄伟”的学者以博克、康德、黑格尔诸人为最著。

“诙谐的”可以下定义说是泪中的笑，苦笑，从喜剧的到悲剧的或从悲剧的到喜剧的那种突然转变，浪漫式的喜剧的，雄伟的反面，对于每一种作伪的企图宣战，想哭而又害羞的怜悯，不针对事实而针对理想本身的笑。在这许多定义以外，你若乐意，还可以增加，看你怎样要借你所给的定义，来见出这个诗人或那个诗人，这首诗或那首诗的特殊面貌；这面貌，就它的特殊性来说，就是它本身的定义，虽是暂时的。有限定范围的定义，却是唯一恰当的定义[①]。

“喜剧的”定义有人这样下过：看到一种离奇古怪的东西起不快感，心里马上就有较大的快感接着来，由于本来期待看到一种重要事物而呈紧张状态，可是后来并没有看到这种重要事物，心力因此弛懈。比如说，在听一个故事，描写某人有意要做一件伟大的英雄事迹，我们在想象中预期一个伟大的英雄行动发生，于是集中心力准备着看它。可是突然间来的不是那伟大的英雄行动，像故事的开头和它的语气让我们所预期的，而是预料不到的变成一种渺小、卑鄙、愚蠢的行动，毫不能满足我们的预期。我们算是受了骗，这骗的发觉带来一阵不快感。但是这一阵不快感好像被马上接着来的东西征服了：我们从此可以弛懈我们的紧张的注意，把原来的积蓄起来的而此后用不着的心力放松，自觉轻松而愉快。这就是喜剧和它的生理上的陪伴——笑——所生的快感。如果已发生的那件不愉快的事损害我们的利益，那就没有快感，笑就会马上闷住，心力就会被其它较重大的发觉拉得紧张，过度紧张。如果这种

① “诙谐的”(the humorous)，普通译为“幽默”。

较重大的发觉不出现,而全部损失不过是我们的预先揣度略受欺骗,则有心力富裕的感觉跟着来,很够赔偿这轻微的失望。关于喜剧的一个最正确的近代的定义,用很少的话说出来,就是如此[①]。这定义自夸能包括过去许多喜剧的定义,加以证实或修正,例如古希腊到现代,从柏拉图在《斐利布斯》对话里所下的定义[②],更较明白的亚理斯多德的定义(这把喜剧的看成"没有痛感的丑")[③],到霍布斯的定义(这把它认成自己优于旁人的感觉)[④],康德的定义(这把它认成紧张的弛懈)[⑤],以及他人所提议的定义(这把它看成大与小,有限与无限等等的冲突)[⑥]。但是仔细一看,上述分析和定义在外表上虽很详尽精确,而所列举的诸特性则不仅可适用于喜剧的,也可适用于一切心灵的作用,例如痛感与快感的承续交替,以及意识到力量和它的自由扩张所生的愉快。上述定义只借一些不能确定限度的分量上的定性来作分别,所以它们仍是一些含混的字眼,要看所指的某某特殊的喜剧的事实,以及说话人的心

① "喜剧的"(the comic),这里的定义虽是综合的,大体上是康德和叔本华的学说。

② 见柏拉图的《斐利布斯》(Philebus 47—50),"拿朋友的愚蠢作笑柄时,我们一方面有妒忌所伴的痛感,一方面又有笑所伴的快感。"

③ 见亚理斯多德的《诗学》(Poetics 1449:32—35):"喜剧描写人们比常人坏些,坏并非指任何一种和每一种过失,只是指一个特种的过失,就是可笑的,这原是丑的一种;丑就是一个误失或残缺,对旁人不生痛感或伤害的。"

④ 霍布斯(Thomas Hobbes 1588—1679):英国哲学家,主张人性本恶,在他的名著《人性论》里说:"笑的情感只是在发见旁人的弱点或自己过去的弱点,突然念到自己的某优点所引起的'突然荣耀'的感觉。"

⑤ 见康德的《审美判断力的批判》:"一种紧张的期望突然消失,于是发生笑的情感。"

⑥ 这是19世纪德国美学家立普斯(Theodor Lipps 1851—1914)的看法。

理状态，才能见出几分意义。如果以太认真的态度对付这些定义，那就不免像让·保尔[①]关于一切喜剧的定义所说的话：那些定义的唯一的好处就在"它们自己是喜剧的"，他们无法用逻辑的方法下喜剧的定义，于是在实在界中造成喜剧的事实。谁会用逻辑的方法定一个界线，来划分喜剧的与非喜剧的，笑与微笑，微笑与严肃呢？或是把生命所流注的有差别而却又相衔接的整体，割成无数分得清楚的部分呢？

〔这些概念与审美的概念的关系〕　尽可能地区分为上述那些心理学的概念的那些事实，除掉两点以外，与艺术毫无关系：第一点是普遍的，就是那些事实全体，就其为人生的材料而言，都可以成为艺术表现的对象；第二点是偶然的，就是审美的事实往往也能成为上述那些心理作用的对象，例如像但丁或莎士比亚那样大的艺术家的作品可以引起雄伟的印象，而一个庸俗作家的尝试可以引起滑稽的印象。

但是这里的心理作用也与审美的事实无关，审美的事实只关审美的价值（即美与丑）的感觉。但丁所描写的法利那太[②]在审美的观点看是美的；如果这位角色的意志力也显得雄伟，或是但丁所给他的表现，由于他的伟大的天才，比起能力较薄弱的诗人的表现，显得雄伟，这些都出乎审美的看法范围之外。我们再申述一句：审美的看法始终只关心表现是否恰当，这就是说，它是否美。

---

① 让·保尔（John Paul 1763—1825）德国小说家，以诙谐著名，有专著论美学。

② 法利那太（Farinata）：但丁的《神曲·地狱》的一个角色。他生前是佛罗伦萨的保皇党的首领。

第十三章　自然与艺术中的“物理的美”

〔审美的活动与物理的概念〕　审美的活动虽与实践的活动不同，而它的表现却总是伴着实践的活动。因此它有它的功利的与快感主义的方面；有快感与痛感，即审美的价值与反价值（美与丑）在实践方面的回响。但是审美活动的这个实践的方面也有一种“物理的”或“心理与物理相混的”陪伴，如声音、音调、运动、线条与颜色的组合等等[1]。

审美的活动真正有这物理的方面呢，还是仅仅好像有这一方面，由于研究它时，我们援用物理科学所建立的观念，以及我们屡经表明只是经验的抽象的科学才用的那些有用而却牵强的方法呢？我们的答复是毋用迟疑的，我们必须赞成第二个假定。不过我们无妨暂置此点不论，目前并无必要对此点作更详尽的探讨。只提它一下，我们就可以（为简单明了和依照普通语言习惯起见）暂把这物理的成分看作一种客观存在的东西，免得对于心灵、自然以及心灵与自然的关系诸概念作匆促的结论。

---

① 这就是通常所谓“艺术的媒介”（medium），即表现的手段，克罗齐把它们看成“物理的”（physical）东西，不属于审美活动或表现。

〔表现:审美的意义与自然科学的意义〕 另一方面我们须作一个重要的说明:正如由于每个心灵活动都有快感主义的方面,人们便把审美的活动混为有用的或愉快的活动;这物理方面的存在,或则毋宁说,建立这物理方面的可能,也使人把审美的表现混为自然科学意义的表现,把一个心灵的事实混为一个机械的事实(不消说,把一个具体的实在混为一个抽象的或虚构的东西)。在日常语言中,有时只有诗人的文字,音乐家的乐曲,或画家的图形,叫做“表现”,有时羞愧所常伴着的面赤,恐惧所常有的灰白面色,或怒时的咬牙切齿,快乐时的目光闪烁和口腮筋肉的某种运动,也叫做“表现”。我们也说,某度数的热是寒热病的“表现”,风雨表的下降是雨的“表现”,甚至于说汇兑率高“表现”国家纸币的贬值,社会不安“表现”革命的来临。我们很可以想象到,像这样顺从文字的习惯用法,把这样分歧的事实汇集在一起,我们会得到什么样的科学的结果。事实上一个人因盛怒而流露的怒自然表现,和一个人依审美原则把怒表现出来,中间有天渊之别;一个人死了亲人而悲痛号啕,和他于“痛定思痛”时描写他的悲痛;情绪流露的自然姿态,和一个演员的扮演,也是如此。达尔文的《人与兽的情绪的表现》[①]一书

① 达尔文的《人与兽的情绪的表现》(*The Expression of the Emotions in Man and Animals*):1875年出版。达尔文用“表现”一词是取克罗齐所谓“自然科学的意义”。“表现”一词的意义大要有三种:第一即这个“自然科学的意义”,如面红耳赤是羞的表现;表现等于流露,不经过心灵的造作。第二即一般所谓“传达”,把审美活动借物质的媒介外射于可以使旁人见闻的作品,比如说把心里要说的话藉文字“表现”出来,这个用法最普通。第三即克罗齐所说的表现,这和直觉,审美的活动,心灵的审美的综合,艺术创作等词实在都是同义,即通常所谓“腹稿”。把这“腹稿”用文字写在纸上——第二个意义的表现——克罗齐以为只是实践的活动,因为有叫旁人看或自己后来看那一个实践的目的;而它的成就则是物理的事实,一本书或一幅画本身不能算艺术,但是人可借它窥见艺术,“窥见”就是心灵的活动。参看第9页注①。

并不是美学著作，因为心灵表现的科学与诊断学(无论它是医学的、气象学的、政治的、面相术的或手相术的)之中并没有共同点。

自然科学意义的表现之中简直就没有心灵意义的表现，这就是说，它没有活动性与心灵性，因此就没有美丑两极。它只是抽象的理智所定的一种因果关系。审美的创作的全程可以分为四个阶段：一、诸印象；二、表现，即心灵的审美的综合作用；三、快感的陪伴，即美的快感，或审美的快感；四、由审美事实到物理现象的翻译(声音、音调、运动、线条与颜色的组合之类)。任何人都可以看出真正可以算得审美的，真正实在的，最重要的东西是在第二阶段，而这恰是仅为自然科学意义的表现(即以譬喻口气称为“表现”的那种方便假立)所缺乏的[①]。

表现的历程尽于这四个阶段；除非它重新开始就新的印象，作新的审美的综合，产生新的陪伴。

〔表象与记忆〕 诸表现品或表象前后承续，后者起来，前者消逝，后者逐出前者。这种消逝，这种被逐出，实非毁灭或完全消除：没有一件东西既生出来，可以完全死去，完全死去就无异未曾生出。虽然一切事物都消逝，却没有事物能死亡。连我们所已忘记的表现品仍以某种方式留存于心灵中，否则我们就无法解释后天得来的习惯和才能。生命的力量其实就在这种表面的遗忘中见出：我们遗忘的就是已经吸收了的而生命已经找到替物的。

但是其它表象或表现品在目前心灵历程中仍是强有力的因

① 克罗齐的学说在叙述这四个阶段时说得最简明了，但是第四阶段与第二阶段是否可以完全割开，即构思或表现时是否不运用传达媒介，颇成问题。

素;不把它们遗忘掉,或是在必要时还能把它们回想起来,这对于我们是要紧的。意志总是常醒着,照管这种保留工作,把我们的心灵财产中较重大的部分保留住。但是意志的照管有时不够。记忆常以种种方式背叛我们或欺骗我们。因为这个缘故,人类心灵想出一些方法来补救记忆的弱点,来造一些备忘的工具。

〔备忘工具的制造〕　这些备忘工具如何可能,不难从上文所说的话推知。表现品或表象同时也是实践的事实,就它们可以让物理学区分归纳为类型来说,也可以叫做物理的事实。如果我们有办法使这些实践的或物理的事实以某种方式长驻永在,我们看到它们时(假如一切其它条件都凑合),就可以把原已造成的表现品或直觉品回想起来。

假如把实践的陪伴[①]所借以起作用的东西,或是(用物理学的术语来说)运动轨迹所借以划开独立而能有几分永久性的东西叫做对象或物理的刺激物,假如用字母 e 来代这个对象或刺激物,则再造成回想的历程就依下列次序:e,物理的刺激物;d—b,原有艺术综合所伴着的那些物理的事实(如声音、音调、模仿的姿态、线条与颜色的组合之类)所生的知觉;c,快感或痛感的陪伴,这也是再造(或回想)起来的[②]。

那些叫做诗、散文、诗篇、小说、传奇、悲剧或喜剧的文字组合,

① 这里实践的陪伴即传达的活动,物理的刺激即传达的媒介,例如文学所用的文字。

② 上文所说的四阶段是就作者创造来说,本段所说的五阶段是就读者再造或欣赏来说。

叫做歌剧、交响乐、奏鸣曲的声音组合，叫做图画、雕像、建筑的线条组合，不过是**再造或回想所用的物理的刺激物**（e 阶段）。记忆的心灵的力量，加上上述那些物理的事实的助力，使人所创造的直觉品可以留存，可以再造成回想。如果记忆随生理器官衰谢了，艺术的纪念碑毁灭了，则一切审美的宝藏，无数年代劳动的成绩也就逐渐衰落，很快地就消逝了。

〔物理的美〕 艺术的纪念碑，审美的再造所用的刺激物，叫做“美的事物”或“物理的美”[①]。这名称在字面上是离奇的，因为美不是物理的事实，它不属于事物，而属于人的活动，属于心灵的力量。但是从此可知，物理的东西和物理的事实本来只是帮助人再造美或回想美的，经过一些转变和联想，它们本身就被简称为“美的事物”或“物理的美”了。既已说明这是简称，我们也就不妨用它。

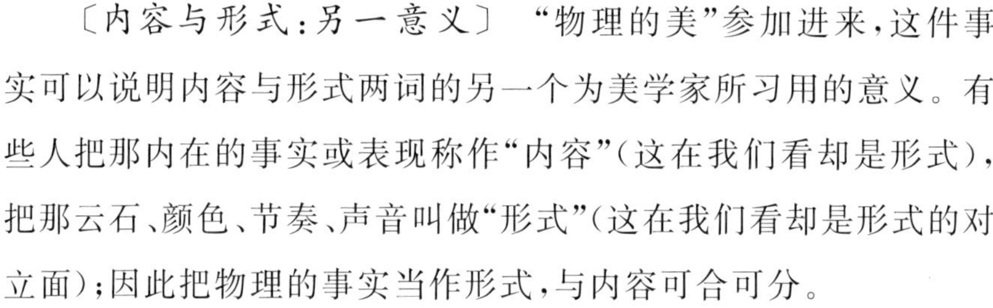

〔内容与形式：另一意义〕 “物理的美”参加进来，这件事实可以说明内容与形式两词的另一个为美学家所习用的意义。有些人把那内在的事实或表现称作“内容”（这在我们看却是形式），把那云石、颜色、节奏、声音叫做“形式”（这在我们看却是形式的对立面）；因此把物理的事实当作形式，与内容可合可分。

“物理的美”参加进来，这件事实也可以说明所谓审美的“丑”的另一方面，有人本没有什么确定的东西要表现，却可设法借滔滔不绝的文词，声调铿锵的诗句，嘈杂震耳的音节，光彩夺目的图画，

① “物理的美”（physical beauty）：指借物理的媒介如声音、颜色、文字等传达出来的普通叫做“作品”的那东西的美。

只能惹人惊怪而不能表达任何意义的堆砌成的建筑堆头，来隐瞒他的内在的空虚。依这样看来，丑是牵强任意的，“江湖气的”；在实际上，如果没有实践性的牵强任意的念头闯入认识作用，那就只可以没有美，而不一定真正有值得叫做“丑”的东西。

〔自然美与人为美〕　物理的美通常分为自然美与人为美。我们因此碰到一个给思想家极大麻烦的事实：“自然美”。这名词常指只产生实践方面的快感的那些东西。凡是一个人遇到一片风景，眼睛看到青葱的草木，身体行动畅适，温暖的太阳晒着肢体，就说那风景美，他所说的就与审美的事实毫无关系。不过在其它场合，“美”这形容词加在自然事物或风景之上，却无疑地含有真正的审美的意味。

人们常说：要以审美的方式欣赏自然界事物，就必须抽去它们的外在的和历史的实在性，使它们的单纯的形象离开实际存在而呈现；如果我们把头摆在两条腿中间去观照自然风景，如此把物我之间习惯的关系消去，那自然风景就会以纯意象现于目前；只有对于用艺术家的眼光去观照自然的人，自然才显得美；动物学家和植物学家们认不出美的动物和花卉；自然的美是发见出来的（例如有眼光和想象力的人们对于自然风景所指点出来的各种观点，后来有几分知道审美的游人到那里朝拜时，就跟着那些观点去看，这就形成了一种集体的暗示）[①]；如果没有想象的帮助，就没有哪一部分自然是美的；有了想象的帮助，同样的自然事物或事实就可以随

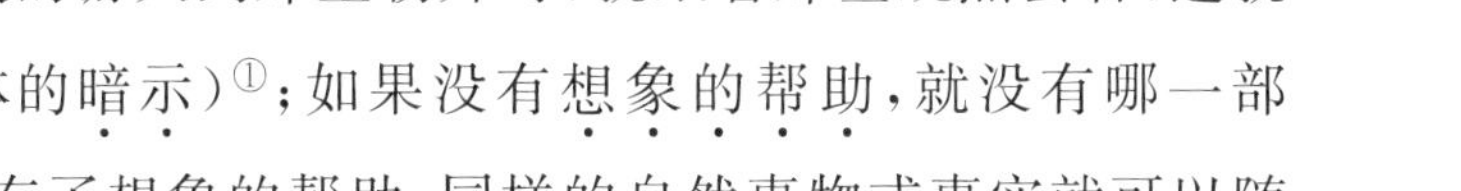

① “集体的暗示”（collective suggestion）：例如大家都说某一部书好，或是它哪几点好，我也跟着觉得好，就是受集体的暗示。

心情不同，显得有时有表现性，有时毫无意味，有时表现这个，有时表现那个，愁惨的或欢欣的，雄伟的或可笑的，柔和的或是滑稽的；最后，没有一种自然的美，艺术家碰到它不想设法稍加润色。

这些话都很正确，并且完全证明自然的美只是审美的再造所用的一种刺激物，有再造就必先有创造。如果原先没有想象所形成的审美的直觉品，自然就决不能提醒什么直觉品出来。对于自然的美，人就像神话中凝视泉水的那位纳西司[①]。列奥巴迪说过：自然的美是“稀有的、零乱的、稍纵即逝的”；它是不完全的、含糊的、变动的。每人根据自己心中的表现品去看自然的事实。这一个艺术家欢喜看带笑的河山，另一个欢喜看一家旧货店，另一个欢喜看一个年轻姑娘的漂亮面孔，另一个欢喜看一个老流氓的恶相。也许第一个人说那旧货店和那老流氓的丑面孔都是“讨人嫌的”；第二个人说那带笑的河山和那年轻姑娘的脸都是“干燥无味的”。他们可以永远争辩不休，永远不会同意。如果他们有一点美学的知识，他们就会明白双方都不错。人为的美提供了一种更灵活更有效的帮助。

〔混合的美〕 在上述两种美之外，美学家们在他们的著作里也往往提到“混合的美”。什么东西的混合呢？正是自然美与人为美的混合。无论是谁，只要把意象凝定而外射，都要借自然的资料起作用，而这些自然的资料却不是他所创造的，而是他所综合和改变的。就这个意义说，每一个人为的作品都是自然与人为的混

① 纳西司（Narcissus）：希腊神话中的美少年，他看见自己的形影投在泉水里，就爱上它，看着不肯丢，以致落到水里沉死；据说他死后变成水仙花。

合；那就没有理由特辟混合的美一类来谈。但是也有时自然中原有的组合有些可利用的多些，有些可利用的少些，比如我在设计一个美丽的花园时，可以把原有的树木池塘的组合用在设计里。在其它场合，要想全靠人为去产生某些效果，势不可能，于是外射作用就受到限制。比如我们能调配各种颜色，却不能创造出一种强大的声音，一个面孔，或一个身材，恰合剧中某某人物的身份。我们必须在原已存在的事物中去找，找到了，便利用它们。我们如果利用在自然中原已存在的许多组合，而这些组合，假如在自然中原不存在，是不能以人为的方式去创造的，这样产生出来的东西所以就叫做“混合的美”。

〔写作符号〕　我们应该把叫做“写作符号”[①]的那些再造的工具和人为的美分清；写作符号就是文字，音符，符箓，以及一切假充的文字，从花字旗语到 18 世纪社会中所盛行的衲块组合语之类。写作符号并不是直接产生审美表现的印象的那些物理的事实；它们只能表示要产生这种物理的事实，先有什么事要做。一串文字的符号提醒我们须用发音器官做出某种动作，才能发出某种声音。如果由于经常练习的缘故，我们不开口也能听出文字，而且（比较更难）只用眼睛看着五线谱，也就能听到声音。这也并不能变更写作符号的性质，它们与直接的物理的美完全不同。说包含

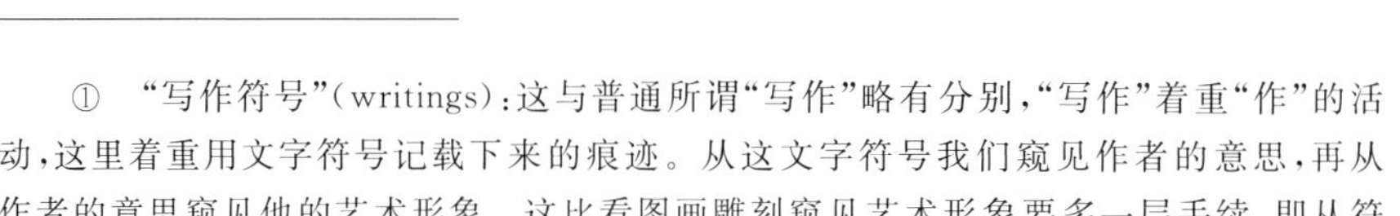

① “写作符号”（writings）：这与普通所谓“写作”略有分别，“写作”着重“作”的活动，这里着重用文字符号记载下来的痕迹。从这文字符号我们窥见作者的意思，再从作者的意思窥见他的艺术形象。这比看图画雕刻窥见艺术形象要多一层手续，即从符号见意义的那个手续。

《神曲》的那部书，或包含《唐璜》[1]的那部乐谱是美的，这里“美”字的意义是一种；以譬喻的口气说包含米开朗琪罗的《摩西》[2]的那块云石，或是包含“耶稣现灵光”[3]的那块着色板是美的，这里“美”字的意义就是另一种。前后两组事物都有助于美的再造，但是前一组比后一组所走的路要较长较弯。

〔自由的美与非自由的美〕 另一个美的区分，在美学著作中仍可见到，就是自由与非自由的美的分别[4]。非自由的美是指含有两重目的的东西，一重目的是审美以外的，另一重目的是审美的（直觉的刺激物），因为第一重目的对第二重目的加以限制与障碍，所产生的美就被人认为非自由的。

建筑品尤其是著例；所以建筑往往不列在“美术”里[5]。一座庙宇先要合宗教典礼的用；一座民房必须包含一切为生活方便的房间，而且必须根据这种方便去布置，一座堡垒必须建筑得能防御某种军队的攻势和某种武器的轰击。因此人们说建筑家的范围是有限制的：他可以使庙宇、民房、堡垒有几分“美化”，但是他为那些

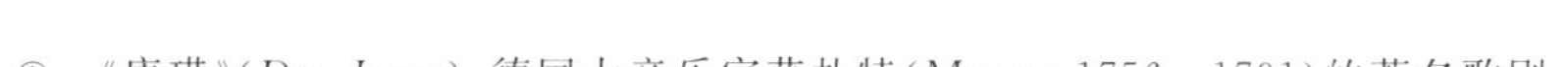

① 《唐璜》（*Don Juan*）：德国大音乐家莫扎特（Mozart 1756—1791）的著名歌剧。

② 《摩西》（Moses）：米开朗琪罗的著名的雕像，原来是替教皇朱里乌司第二的墓园做装饰的。

③ “耶稣现灵光”（Transfiguration）：指耶稣在山上变形象的故事，详见《马太福音》第17章。文艺复兴时代画家用这题材作画的甚多。

④ “自由的美与非自由的美”（Free and non-free beauty）：前者不带实践的目的，后者带实践的目的。“非自由的美”也叫做“依存的美”（dependent beauty），“自由的美”也叫做“纯粹的美”（pure beauty）。这个分别源于康德。

⑤ 美术（fine arts）：指文学、音乐、图画、雕刻之类艺术，与“工业艺术”（industrial arts）相对立。建筑、陶瓷、刺绣、金工、木工之类属于工业艺术。这个区分是很古的，但是有时颇牵强。

建筑物的目的所限，就只能在不伤害那些非审美的而却重要的目的范围以内去实现他的一部分美的理想。

另一些实例是所谓应用于工业的艺术。盘、杯、刀、枪、梳，都可以做得美，但是据说他们的美不宜过度，以免防阻我们用盘子吃东西，用杯子饮水，用刀子裁割，用枪射击，或用梳子理发。印刷术据说也是如此：一部书应该印得美，却不应美到令人难读或不能读。

〔评非自由的美〕　对于这一切，我们首先要说：外在的目的，正因其为外在的，对于刺激审美的再造那另一目的，不必定是一种限制或障碍。所以说像建筑的那种艺术在本质上就不完全，不自由，因为它须服从其它的实用目的，这见解并不正确；只是建筑中有许多好作品这个事实就可以打消这种误解。

其次，不仅两个目的并存，不一定就互相冲突，我们还要补充一句：艺术家总有办法防止这种冲突。怎样办呢？只需把有实用目的的事物的用场当作材料，摆进他的审美的直觉和外射作用。他无须另加什么到那事物上去，才能使它产生审美的直觉品；如果它完全能适合它的实用的目的，它就会产生美的直觉品了。乡村住房和宫殿，教堂和营房，刀和犁头之所以美，并不因为它们经过装饰和美化，而是正因为它们能表现它们实用的目的。一件衣服美，就因为它恰合某种身份和某种身材的人。柔情的阿尔米塔替战士里纳尔多[①]在腰间挂的那把刀并不美，“装饰得只像一件无用

① 里纳尔多(Rinaldo)：塔索的《被解放的耶路撒冷》里面的一个要角；阿尔米塔(Armida)是他的爱人。

的装饰品，不像战争用的可挥扫自如的武器”；或是它纵然算美，也只是就那位女魔术家的眼光和幻想来说，她爱看她的情人像那样女性地装备起来。审美的活动和实践的活动常能并行不悖，因为表现就是真理。

有一点却不能否认：审美的观照有时确实妨害实用。比如说，一个普遍的经验是看到新的物件很适合实用目的，很美，令人往往舍不得糟蹋它们，舍不得放弃观照来使用它们。就是为了这个缘故，普鲁士国王威廉极不愿意派他的漂亮的炮兵队上火线，尽管他们挺会打仗，他的儿子弗里德里希大帝没有他那样爱美，就借那些炮兵们立了很大的战功。

〔创造所用的刺激物〕　我们把物理的美当作再造内在美（或表现品）的助因，也许有人这样反驳：艺术家着手去画、刻、写，才作成他的表现品，所以物理的美往往在审美的美之前而不在后[①]。这对于艺术家的程序不免是一种肤浅的看法，艺术家在实际上从来不着一笔，如果先没有在想象中把所要着的一笔看清楚；如果他先没有看清楚而就着笔，那就不是使他的心里表现品（还不存在）外射，而是当作一种尝试，要找向前再思索再凝神的出发点。物理的出发点并不是在物理上为美的再造的工具，而是一种可以叫做“引路”或“触机”的媒介；例如退隐到寂静处，或是艺术家和科学家所常用的其它很奇怪的办法，各人有各人的癖性，也就有各人

① 这是通俗的看法，先着手画，经过摸索尝试，才发现所要画的。先着手画，就要先利用物理的美。

的办法。老美学家鲍姆嘉通[1]劝诗人借骑马、喝不过量的酒并且(如果他们无邪念)看美人,来找灵感。

① 鲍姆嘉通(Alexander Baumgarten 1714—1762):德国美学家,第一个用aesthetic称呼研究美与艺术的科学的人。

第十四章　物理学与美学的混淆所生的错误

不了解审美的事实（艺术的见界）与物理的事实（帮助艺术再造的工具）之间的关系纯是外在的，这就产生一系列错误的学说，我们在此应提一提，并且依据上文的道理略加批评。

〔评审美的联想主义〕　把审美的事实认为两个形象的"联想"的一种联想主义[①]，就起于不了解上面的道理。审美的意识是完全整一的意识，不是两股合成的意识，这联想说与审美的意识所以极不相容。这种错误是怎样来的呢？正因为把物理的事实和审美的事实分开来看，当作两种不同的形象，甲形象拉着乙形象走进心灵，甲走在前而乙走在后。一幅画分为画的形象和画的意义的形象；一首诗分为文字的形象和文字的意义的形象。但是形象并不是二元的，物理的事实并不以形象的资格进入心灵，它只帮助形

① "联想主义"（associationism）：旧心理学的一个基本原理是"观念的联想"，要旨是甲乙两观念因性质的类似或经验的接近而生联想，看到甲，乙就被连带地想起来。旧心理学家拿这原则解释知觉、记忆、思想以至于情感、意志。审美的联想主义以为物理的事实（例如文字）是一种形象，以联想作用，引起审美的事实（倒如文字后面的意义），这是另一形象。两形象凑合，于是有审美的意识。克罗齐反对此说，理由有二：（一）审美的意识是整一的，我们意识不到甲、乙两形象的凑合；（二）物理的事实不以形象的资格入意识，它只刺激心理组织，使原有的唯一的审美的形象再现于意识。

象(这形象是唯一的,也就是审美的事实)的再造或回想,因为它盲目地刺激心理组织,产生出相当于原已形成的审美表现品的印象。

联想主义者(现在美学园地的僭越者)想逃脱这个困难,想把他们的联想原则所破坏了的整一重新建立起来。他们的企图是很有意思的。他们有些人认为那回想起的形象是无意识,又有些人不要无意识,认为那形象是含混的、朦胧的、依稀仿佛的;这样就把记忆的弱点变成审美事实的优点。但是这一说却陷入两难之境:不是保留联想而放弃整一[①],就是保留整一而放弃联想,没有第三条逃出困难的路。

〔评美学的物理学〕　由于不能彻底分析所谓自然美,认清它只是审美再造中的一个事件,由于把自然美认成已在自然中天生成就,于是许多美学著作中都有一部分讲所谓"自然美"或"美学的物理学"[②];甚至再分为美学的矿物学、植物学和动物学。我们也不否认这些著作里有很多正确的话,并且它们本身往往就是艺术作品,很美丽地表现作者的想象、幻想或印象。但是我们必须说,追究狗是否美,鸭嘴兽是否丑,白莲是否美,葵菜是否丑,从科学观点看,这都是荒谬的。这错误其实是双重的。第一,美学的物理学和文艺种类说犯同样的含糊,想把审美的性质勉强加诸理智的抽象品[③]。其次,我们已经说过,它没有认清所谓自然美是如何

① 整一即指审美的意识的整一,联想主义假定这意识是二元的。

② "美学的物理学"(aesthetic physics):19 世纪德国美学家费肖尔(Vischer)在他的名著《美学》中,有一部分叫做"美学的物理学",讨论光、热、水、动物、植物等等自然界事物的美。

③ 理智的抽象品指种类。某一类的概念是生于理智的,审美的性质是得于直觉,不是得于理智。所以我们不能把审美的性质"美"加诸理智的抽象品。

形成的。如果明白自然美如何形成，某某动物，花，或人是美还是丑的问题就根本不能成立。凡是不由审美的心灵创造出来的，或是不能归到审美的心灵的东西，就不能说是美或丑。把自然事物安排在完整的形象里，才有审美的作用。

〔评人体美〕 这双重错误在“人体美”的问题中也可以见出。这问题有许多整部书籍讨论过。我们首先要把讨论这问题的人们从抽象引到具体，要问他们：你们所指的人体是什么呢？男人的，女人的，还是“阴阳人”的？姑且假定他们回答说要分两种研究，一种研究男性美，一种研究女性美（真有些作家郑重其事地讨论是男人还是女人比较美）；我们就再问：男性美也好，女性美也好，你们所要挑选的是哪一个种族呢？白种、黄种、黑种、或是任何存在的种族？姑且假定他们说限于白种；我们又追问下去：白种中哪一个民族呢？我们把他们逐渐缩到白种世界中某一角落，比如说，从意大利人逐渐递降到塔斯康省人，西安那市人，卡摩利亚门区人；我们就再问：很好，但是哪种年龄，哪种境遇，哪种姿态的人体呢？新生下地的、小孩的、青年的、成年的、中年的呢？休息时的，像保尔・鲍特所画的牛，还是像伦勃朗所画的甘尼米德[①]那样忙着的呢？

用这种递降的方法，我们就达到毫无定性的个体，或是用手指出来的“这里这个人”。到了这里，我们就不难见出那第二重错误，

① 保尔・鲍特（Paul Potter 1625—1654）、伦勃朗（Rembrandt 1606—1669）都是荷兰名画家，前者以画动物著名，后者以人物画像著名。甘尼米德（Ganymede）是希腊神话中的美少年。

我们只需回想上文关于自然的事实所说的话，就是自然的事实有时美，有时丑，随所取的观点和艺术家的心境为转移。那不勒斯海湾还有人说不美，还有艺术家们说它不能表现什么，说它还不如北欧海岸的“阴森的枞林”和“云雾和大风刮着不歇的北方”。从此可知美丑原是相对的，人体既是无穷的暗示的源泉，是否也有这种相对性呢？

〔评几何图形美〕 几何图形美的问题也与审美的物理学相关。如果几何图形是指几何上的概念(如三角形、方形、锥形的概念)，正因其为概念，便无美丑可言。如果它们是指有一定几何图形的物体，那就要看它们安排在什么完整的形象里而定美丑，如同一切自然的事实一样。有人以为几何图形凡是向上指着的就美，因为暗示坚定与力量。这也许对，我们并不否认，但是另一方面我们也不能否认，有些事物引起不稳定与柔弱的印象，也可以美，因为所要表现的恰是不稳定与柔弱。并且在这情况之下，直线的坚定和锥形或等边三角形的轻俊反而成为丑的成分。

关于自然美、几何美以及类似的史迹美和人体美之类问题，在同情说的美学中，确实不显得那么荒谬，因为同情说把“审美的美”认成起快感的事物的表现。但是要用科学的方式来断定什么样的内容才可引起同情，什么样的内容才绝对不能引起同情，这种企图仍不免错误，纵然还站在同情说的范围以内，并且接受它的前提。我们解决这一类问题时，只需复述贺拉斯诗集第一卷第一章赋体诗的“有些人”，和列奥巴迪给卡罗·泊波里的信中“有些人”[①]那两段话，附上一个无限长的书后。各人有各人的美的事物（即引起同情的事物），犹如各人有各人的情人。恋爱学并不是科学。

〔评模仿自然说的另一面〕 艺术家在造作人为的工具或物理的美时，当然有客观存在的事实摆在眼前，如物体、布匹、花卉之类的“模范”（模特儿）。我们姑且看看艺术家的速写稿、练习稿和笔记等：达·芬奇在作《最后的晚餐》时，在他的笔记簿里记下：“乔凡丽娜，一副奇异的脸，住在圣卡特林教堂的宿舍里；喀斯蒂里昂，住在慈悲寺，他的头很好；耶稣的像，可以用乔凡孔德，摩塔罗主教的随员……”如此等等。从此就有艺术家模仿自然那个错觉，其实更精确一点，应该说自然模仿艺术家，服从艺术家。“艺术模仿自然”说以及它的变相，即比较近理的“艺术理想化自然”说[②]，往往都从这个错觉得到根据与支援。艺术理想化自然说把艺术的程序弄得颠倒错乱了；因为艺术家并不是从外在现实出发，改变它，使它逼近理想；而是从外在自然的印象出发，达到表现，这表现就是他的理想；然后再从表现转到自然的事实，用它做工具去再造理想的事实。

〔评美的基本形式说〕 审美事实与物理事实的混淆还有一个后果，就是美的基本形式说。表现，即美本身，虽不可分划，而

① 贺拉斯（Horace 公元前 56—前 8）是罗马诗人；他的第一章赋体诗（Odes）开头有这样一句话：“有些人唯一的快乐是在奔车上搜集奥林匹斯神的灰尘。”意思与“吸古人之糟粕”相近。列奥巴迪给卡罗·泊波里（Carlo Pepoli）的信待考。本段的大意是说各人嗜好不同。

② “艺术理想化自然”说：这一说仍以为艺术模仿自然，不过加以改变，使自然近于理想。

它所借以外射的物理事实却可以分而又分：例如一幅图画的平面可分为线条和颜色，线条的组合与曲度，颜色的种类等等；一首诗可分为章、句、音步、单音等等；一篇散文可分为章、段、标题、长句、短句、单字等等。这样分出来的各部分都不是审美的事实，而是勉强划分的较小的物理的事实。如果朝这条路一直走下去，老是不把审美的与物质的事实分清，我们终必达到的结论就是：真正的美的基本形式就是些“原子”。

美必有体积[①]，这个审美的规律曾经三令五申，它就与这原子说不合。小至不可知觉，大至不可分辨，都不能为美。但是由知觉而不由测量所定的大小所指的概念是和数学的概念大不相同的。所谓不可知觉和不可分辨的东西确实不能产生一个印象，因为那就不是一个真事实而只是一个概念[②]；所以说美须有体积，就等于说它须有物质的事实，可引起美的再造。

〔评寻求美的客观条件〕　继续寻求美的物理的规律或客观条件，于是有这样的问题：美相当于何种物理的事实呢？丑相当于何种物理的事实呢？相当于哪些可以数学方式决定的声音、颜色、大小的配合呢？作这种探讨正无异在经济学中从贸易品的物理性质去寻贸易的规律。这种企图的不断失败应使人明白它的无用。尤其在我们的时代，人们常扬言要有归纳的美学，或是由下而上的美学，遵照自然科学的程序，不随便下结论。归纳的吗？但是美学

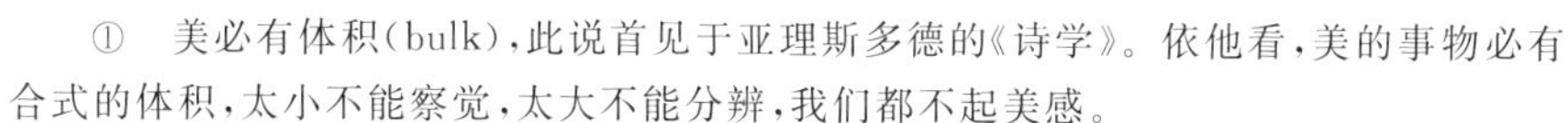

① 美必有体积(bulk)，此说首见于亚理斯多德的《诗学》。依他看，美的事物必有合式的体积，太小不能察觉，太大不能分辨，我们都不起美感。

② 太大太小，都不能为直觉的对象，但仍能成为概念。

像每一种哲学的科学一样，总是既是归纳的，又是演绎的；这两个方法并不能分开，任何一种方法都不能单独地成为真科学的特征。这"归纳"一词却也不是随便说出的，用意是指审美的事实不过是一种物理的事实，要用物理科学和自然科学所特有的方法去研究。

根据这个假定和信念，归纳的美学，由下而上的美学（这谦虚中有多少骄傲！）就开始它的工作了。它很慎重地开始搜集一些"美的事物"，例如许多形状不同、大小不同的信封，于是问哪些产生美的印象，哪些产生丑的印象。可以想象到，归纳的美学家马上就感到一种困难，因为同一事物从某一方面看是丑，从另一方面看却美。一个公文信封用来装情书未免太丑，用来装印刷传单却恰合式；这印刷传单若是装在英国纸制的方信封里，也就不好看，至少有点滑稽。这个根据简单常识的考虑应该可以提醒归纳的美学家：美不是物理的存在，这样就可使他们不再作那无益而可笑的探讨了。可是不然，他们想出了一个方便法门——这是否属于自然科学的谨严的方法却很难说——把那些信封传给许多人看，要来一个全民票决，用大多数的票来决定美的东西美在哪里，丑的东西丑在哪里。

我们不再在这题目上浪费时间了，恐怕我们不是在阐明美学和它的问题，而是在说滑稽故事。事实上归纳的美学家们连一个规律都还没有发见[①]。

① "美的客观条件"：这个观念来源甚久，从古希腊到现在，许多文艺理论著作都为这个问题所纠缠不清。一个作品有哪些条件才能美呢？以往的答案甚多，文艺上许多规律和教条都是这样起来的。近代实验美学也是在这问题上绞脑浆。克罗齐根本否认美有"客观条件"。

〔美学的天文学〕 没有医好病而对医生绝望的人容易把命交给江湖骗子；相信可以替美找出自然科学规律者正是如此。艺术家们往往也采用经验的教条，例如关于人体各部比例的，关于黄金段的(一线分为二段，短段与长段之比，等于长段与全线之比 bc∶ac＝ac∶ab 名为“黄金段”[①])。这种教条很容易变成他们的迷信，他们以为作品之所以成功，即由于此。例如米开朗琪罗留下一个秘方给他的徒弟马柯德宾纳，教他“常画一个金字塔形的蛇形的形体，以一，二，三，乘它”。这秘方并没有能挽救这位徒弟的平凡，那不勒斯城所藏的他的许多画可以为证。另一些人把米开朗琪罗的话当作另一秘方的根据，就是蛇形曲线是真正的“美的线条”。许多整部著作都讨论这些美的规律，黄金段，蛇形曲线。我们以为这些都应该看作美学的天文学。

① “黄金段”(golden section)之说是从达·芬奇就主张起，近代德国实验美学家费希纳(Fechner 1801—1887)才就它做了许多实验。

第十五章　外射的活动。各种艺术的技巧与理论

〔外射是实践的活动〕　我们已经说过，物理的美的造作须有一种清醒的意志，常注意照管，不让某些见界，直觉品或表现品遗失了。这种意志可以极迅速地发动，好像出诸本能，也可以需要长久而辛苦的意匠经营。无论如何，以这种方式，而且只以这种方式（即造作备忘的记录或物理的对象），实践的活动才与审美的活动发生关系，这就是说，实践的活动不复只是审美活动的陪伴，而是它的一个真正有分别的阶段[①]。我们不能凭意志去起，或是不起，某种审美的直觉；但是我们能凭意志要，或不要，把那直觉外射出去；那就是说，要不要把已造成的直觉品保留起来，传达给旁人[②]。

〔外射的技巧〕　外射是一个意志的事实，它须根据许多繁复的知识，像一切实践的活动都须根据知识一样。这些知识叫做"技巧"。因此谈"艺术的技巧"，如同谈物理的美，都是用譬喻的简略的

① 实践活动在为快感时，只是审美活动的陪伴；在受意志的指使，造作艺术再造的物质的工具，使表现品可保留传达时，就是审美活动的一个真正有分别的阶段。

② "外射"（externalization）：即把内在的审美的直觉品（克罗齐所谓表现品，是已在心中成就的"腹稿"），借物理的媒介，如语文颜色声音线条之类，放射到外面去，留下可以让旁人欣赏的痕迹。克罗齐所谓"外射"其实就是一般人所谓"表现"或"传达"。

说法，如果说得比较精确一点，艺术的技巧就是“服务于实践活动的知识，用来产生审美的再造的刺激物”[①]。我们既已把它的意义懂清楚了，为着避免冗长的字句，我们在此也无妨利用这个普通的术语。

技巧的知识为艺术的再造服务，这可能性使人错误地认为内在的表现也有一种审美的技巧，这就是“内在的表现手段”说[②]。这内在的表现手段是绝对不可思议的。理由很清楚：表现本身是一种基元的认识活动，所以它先于实践的活动以及为实践活动服务的理性知识，而不依存于它们。它也可以帮助决定实践的活动，但是它自己不为实践的活动所决定。表现没有手段，因为它没有手段所要达到的目的。它对事物起直觉，不对事物起意志，所以它不能分析为意念、手段、目的那一些抽象的原素。人们往往说某作家发明了小说或戏剧的新技巧，或某画家发明了一种配光的技巧，这里所谓“技巧”是随便用的，因为所谓新技巧其实就是那小说本身或是那幅新画本身，不是什么其它东西。配光是那幅画的直觉本身里面的事，而一个剧作者的技巧也就是他所构思成的戏剧本身。“技巧”又有时用来指一个失败的作品的某某优点和劣点；人们委婉地说：构思不好，技巧却好；或是构思本好，技巧却坏。

在另一方面，我们在谈油画、锌板蚀刻、石膏雕刻的各种方法

① “技巧”(technique)：外射例如把画画在纸上，诗写在纸上，或像雕在石上(这就是产生审美的再造的刺激物)，这画、写、雕等的实践活动都依靠一些知识，这就是“技巧”。技巧是知识的应用，不能算是艺术本身的一个因素。

② “内在的表现的手段”说：“手段”就指“技巧”，外射可以有技巧，直觉先于理性的知识和实践的活动，所以不能有所谓“手段”或“技巧”(技巧是理性的知识，而运用技巧是出于意志的实践活动)。

时，用“技巧”这名词就很恰当；但是这里如果用“艺术的”形容词，说只是取它的譬喻的意义。一种戏剧的技巧，在审美意义上说，虽不可能，一种舞台的技巧，或则毋宁说，外射某某审美的作品的手续，却并非不可能。比如说，16 世纪后半期意大利舞台开始用女演员代替男扮女演员；后来 17 世纪威尼斯的舞台经理们完成了迅速换景的机械，这些确是舞台技巧上真正的发明。

〔各种艺术的技巧方面的理论〕 艺术家们外射他们的表现品所应用的技巧知识，集合在一起，可以分成各组，称为“艺术分论”。例如建筑的理论（包括机械学的规律，材料力学的知识，以及和石灰水泥的方法的手册），雕刻的理论（包括关于刻什么石头用什么工具，如何混合铜锡成青铜，如何使用刻刀，如何精确地塑成石膏或黏土模型，如何使黏土保持潮润之类的指示），图画的理论（讨论胶画、油画、水彩画、粉笔画的种种技巧，以及人体的比例，透视的规律），演说的理论（包括发音和练习培养音调的方法，以及装腔作势之类的教条），音乐的理论（讨论声调音质的配合与同化之类），如此等等。这种教条规箴的汇集在各国典籍中都很多。因为我们难说某种东西知道了有用，某种东西知道了无用，这类书籍往往成为一种大辞典或“须知事项”。维脱鲁维斯[①]在他的建筑学论著中说建筑师须有文学、图画、几何、数学、光学、历史，自然科学、伦理哲学、法学、医学、天文学、音乐之类知识。一切都值得知道；且把建筑学本身学会就完事大吉吧！

① 维脱鲁维斯（Vitruvius）：公元前 1 世纪罗马作家，他的《建筑十书》是古代仅存的一部讨论建筑的著作。

这种经验之谈的汇集，显然不能成为科学。它们包括从各种科学与各种训练取来的知识，而它们的哲学的与科学的原则也就须在这些科学与训练中找出。提议要替各种艺术建立一种科学的理论，就无异要把本质是杂多的东西化为单一，要使本为汇集才放在一起的东西失其为汇集。如果我们要把建筑家、画家或音乐家的手册化成科学的形式，除掉力学、光学或声学的普遍原则之外，显然就不会剩下什么。如果我们要把散在这些手册中的真正是艺术的见解抽出来独立，使它们成为科学的系统，我们就须离开个别艺术的范围，而进到美学的范围，因为美学总是普遍的美学，或则说，美学不能分为普遍的与特殊的两种。科学本能很强而且自然倾向于哲学的人们如果动手建立这些理论，写这些手册，就会发生上述情形（开始要讨论一种技巧，结果写成一部美学）。

〔评个别艺术的美学理论〕　每种艺术有什么限度？什么东西可以用颜色表现？什么东西可以用声音表现？什么东西可以用单色线条表现？什么东西可以用各种颜色的配合表现？什么用调质，什么用音律与节奏？形体的艺术与听觉的艺术，图画与雕刻，诗歌与音乐，这些中间各有什么界限？如果人们幻想个别艺术的美学理论可以回答这些问题，物理学与美学的混淆就达到极点了。

翻译成科学的语言，这就无异于问：声学与审美的表现有什么关系？光学与审美的表现有什么关系？如此等等。从物理的事实到审美的事实既无路可通，从审美的事实到特种组别的物理的事实,如光学或声学的现象之类,如何有路可通呢[①]?

〔评各种艺术的分类〕 所谓“各种艺术”并没有审美的界限,如果有,它们也就应各有各的审美的存在[②]。我们已经说明过,各种艺术的区分完全起于经验。因此,就各种艺术作美学的分类那一切企图都是荒谬的。它们既没有界限,就不可以精确地确定某种艺术有某某特殊的属性,因此,也就不能以哲学的方式分类。讨论艺术分类与系统的书籍若是完全付之一炬,并不是什么损失(尽管在说这话时,我们对于在这上面花过工夫的那些作者们怀着极大的敬意)。

这种系统化的许多企图都可以证明系统化是不可能的。第一个最普通的区分是把艺术分为“听”、“视”、“想象”三类[③];好像眼、耳、想象三者站在平等地位,可用同一逻辑标准或分类基础推演出来。另一批人提议把艺术分为“空间的”与“时间的”,“静的”与“动的”诸类[④],好像空间、时间、静、动这些概念能确定特种审美形式的属性,而且与艺术(就其为艺术而言)有什么相干。最后,又有一批人把艺术分为“古典的”与“浪漫的”,或是分为“东方的”、“古典

① 依克罗齐,我们不能说:什么东西可以用颜色“表现”,却可以说:什么东西可以用颜色“外射”。颜色是物理的事实,而表现是心灵的审美的事实,二者之中没有通道。

② 如果图画、音乐等各有审美的界限,则图画有图画的美,音乐有音乐的美,这两种美就没有共同点。其实图画的美是这个“美”,音乐的美也还是这个“美”。所以美学总是普遍的美学,不是某个别艺术的美学。克罗齐因此不赞成艺术的分类。

③ 这是19世纪德国美学家哈特曼(E. von Hartmann 1842—1906)的主张。他把艺术分为视觉的(造形艺术与图画),听觉的(音乐、语言、歌)以及想象的(诗)。

④ 这是18世纪德国剧作家和批评家莱辛(Lessing 1729—1781)的主张。在他的名著《拉奥孔》(*Laokoon*)里,他把艺术分为空间的,即静的(图画、雕刻),和时间的,即动的(诗歌),以为图画、雕刻只宜于描写物态,诗歌只宜于叙述动作。

的”与“浪漫的”[①];因此就把单纯的历史名词认成有科学概念的价值,这就陷于上文已批评过的修词品类的区分那一个错误。此外又有人把艺术分为“只能从一面看的”,例如图画;与“可从各面看的”,例如雕刻。还有许多类似的妄诞的区分,无论如何,都说不通。

有一派人相信一种表现品可以改作成为另一种表现品,例如把《伊利亚特》或《失乐园》[②]那部诗改作成为一系列的图画;他们并且从是否可在让画家翻译为画,来断定一首诗的价值大小。艺术的界限说,在当初提出时,对于这一派的见解也许是一种有益的批评。但是这批评虽然合理而且胜利了,这却不能证明这批评所用的论点和所建立的系统就是对的。

〔评各种艺术的联合说〕　艺术联合说是艺术界限说的附庸,界限说倒塌,联合说也就倒塌了。既承认个别艺术有分别与界限,就不免要问:哪种艺术是最强有力的呢?把几种艺术联合在一起,我们是否得到更强有力的效果呢?我们对此毫无所知,只知道在每个事例中,某某艺术的直觉品需要某种物埋的媒介,某某其它艺术的直觉品需要它种物理的媒介,作再造的工具。有些剧本只借阅读就可以见出它们的效果,另一些剧本却要借表演和布景。有些艺术的直觉品为着完满的外射,需要语文、歌、乐器、颜色,雕

① 这是19世纪德国大哲学家黑格尔的主张。在他的“艺术哲学”里,他把艺术分为象征的,古典的和浪漫的。象征的艺术的特色在物质超过心灵。古典的艺术的特色在物质与心灵混化谐和;浪漫的艺术的特色在心灵溢出物质。“象征的艺术”主要地是东方的。

② 《失乐园》(*Paradise Lost*):是英国17世纪诗人弥尔顿(Milton 1608—1674)的仿史诗。西方常有画家根据文学作品的题材作画。

像、建筑和演员；另一些艺术的直觉品只需寥寥数笔，略见轮廓，就已很完全。如果以为表演，布景和上述其它诸事项摆在一起，要比单纯的阅读和寥寥数笔的轮廓更强有力，那就是错误的想法；因为上述诸事项或诸组事项中，每一种都各有不同的目的，目的不同，手段的力量就无从比较。

〔外射的活动与效用和道德二者的关系〕　最后，只有把真正审美的活动和外射的实践活动分得清楚严密，我们才能解决“艺术与效用”和“艺术与道德”的关系那些繁难的问题。

我们前已说明，艺术就其为艺术而言，是离效用、道德以及一切实践的价值而独立的。如果没有这独立性，艺术的内在价值就无从说起，美学的科学也就无从思议，因为这科学要有审美事实的独立性为它的必要条件。

但是以为艺术家的见界，直觉，或内在的表现品的这种独立性，应该推广到外射与传达的实践活动去，那也不免错误；这些实践活动可以随审美事实而起，也可以不随它而起。如果艺术是指艺术的外射，效用与道德就有资格加入；就有权作自家房屋的主人了。

我们其实并不把在心中造就的许多表现品或直觉品全部都表现出来；我们并不把心中每个思想都大声说出，写下，印起，画起，拿它向大众展览。我们从已构思成就的或至少是想好纲要的许多直觉品之中加以“选择”，而这选择就须受经济情况与道德意向的原则约制。所以我们在已经凝定了一个直觉品之后，是否要把它传达给旁人，传达给谁，何时传达，如何传达等等都是还待裁决的问题；这些考虑全要受效用与伦理的原则约制。

因此，我们觉得“选择”、“兴趣”、“道德”、“教育目的”、“得大众欢迎”之类概念也有几分道理；虽然拿它们勉强加诸就其为艺术而言的艺术，它们就没有道理。我们自己已把它们从纯粹的美学中排去了。错误常带有几分真理。人们发出那些错误的美学议论，本来是着眼于实践的事实，这些事实是外加到审美事实上面去的，其实属于经济的和道德的生活范围。

为发表审美再造用的工具[①]争较大的自由，这本是很好的，我们也赞同这个意见，赞同把立法的事宜和裁制不道德的艺术的法律行为都让给伪君子、傻瓜，和浪费时间者。但是宣告这种自由，以及定这种自由的界限，无论这界限多么宽，却都是道德范围以内的事。在任何情形下，艺术独立那一个最高的原则，那一个美学的基础，总不能援引来为虎作伥。一个艺术家在外射他的想象时，如果像不道德的投机者，逢迎读者的不健康的趣味，或是像小贩子在公共场所出卖淫画淫像，都不能援引这最高原则来洗刷罪状，维护自由。后一个事例是警察的事，前一个事例则应受道德意识的审判。对某艺术作品所下的审美判断，与作者作为实践者的道德是毫不相干的，它和预防艺术被用去做坏事（这也就违反艺术纯为认识观照的本质）的措施也是毫不相干的。

① 这就是一般所谓发表作品。

第十六章　鉴赏力与艺术的再造

〔审美的判断，它与审美再造的统一〕　全部审美的和外射的过程既已完成了，一个表现品既已造成，而且凝定于一种固定的物质的材料了，什么才算判断它呢？“把它在自己心中再造出来，”艺术批评家们同声回答。这回答很好。为彻底了解这事实，我们且用一个表格来说明它。

某甲感到或预感到一个印象，还没有把它表现，而在设法表现它。他试用种种不同的字句，来产生他所寻求的那个表现品，那个一定存在而他却还没有找到的表现品。他试用文字组合M，但是觉得它不恰当，没有表现力，不完善，丑，就把它丢掉了；于是他再试用文字组合N，结果还是一样。“他简直没有看见，或是没有看清楚”，那表现品还在闪避他。经过许多其它不成功的尝试，有时离所瞄准的目标很近，有时离它很远，可是突然间（几乎像不求自来的）他碰上了他所寻求的表现品，“水到渠成”。霎时间他享受到审美的快感或美的东西所产生的快感。丑和它所附带的不快感，就是没有能征服障碍的那种审美活动；美就是得到胜利的表现活动。

我们从语文范围里举出这个实例，因为它比较平易近人，因为我们人人都说话，虽然不都作画。现在如果另有一个人，我们称他为乙，要来判断那个表现品，决定它是美还是丑，他就必须把自己摆在甲的观点上，借助于甲所供给他的物理的符号，再循原来的程序走一过。如果甲原来看清楚了，乙（既已把自己摆在甲的观点）也就会看清楚，看见这表现品是美的。如果甲原来没有看清楚，乙也就不会看清楚，就会发见这表现品有些丑，正如甲原来发见它有些丑。

〔二者不可能有分歧〕　也许有人说：我们没有考虑到两种其它情形：甲看见清楚而乙看见却不清楚，甲看见不清楚而乙看见却清楚。严格地说，这两种情形都不可能。

表现的活动，正因其为活动，不是随意任便，而是心灵的必然，它只有一个正确的方法，去解决某一固定的审美的问题。有人对这句平常话也许反对说：有些作品在艺术家自己看原是美的，后来在批评家看却是丑的；也有些作品为艺术家自己所不满意，认为不完善或失败的，后来批评家们却以为它们美，完善。但是在这种事例中，必有一方面是错误的，不是艺术家，就是批评家；有时是艺术家，有时是批评家。一个表现品的作者有时并不完全认清在他的心灵中发生的东西。匆忙，虚荣心，省察的缺乏，理论上的偏见，都叫人们说，而且甚至相信，自己的某些作品是美的，其实如果他们真正向心中省察一番，就会见出它们是丑的，因为它们本是丑的。比如可怜的堂吉诃德很郑重其事地把纸板制的遮面甲安在他的头盔上，头一次搏斗就见出那块遮面甲的抵抗力薄弱，下一回碰到一刀很准确地戳过来，就不敢再用它来遮挡，只宣告它是（据作者说）“戴起来原来倒是挺美的”。在其它事例中同样理由，或是相反而可类推的理由，使艺术家昏头昏脑，把自己的成功的作品估价过

低，或是把自己在艺术的自然流露中已经做得很好的作品丢开另做，反而做得没有原来那样好。塔索丢开《被解放的耶路撒冷》，去做《被征服的耶路撒冷》，便是一个实例。同理，批评家们也往往因为匆忙，懒惰，省察的缺乏，理论上的偏见，私人的恩怨以及其它类似的动机，把美的说成丑的，丑的说成美的。如果他们能消除这些扰乱的因素，他们就会如实地感觉到艺术作品的价值，不把它留给后世人（那个较勤勉而且较冷静的裁判者）去给奖，去主张他们自己不曾主张的公道。

〔鉴赏力与天才的统一〕 从上述道理，我们可以看出批评和认识某事为美的那种判断的活动，与创造那美的活动是统一的。唯一的分别在情境不同，一个是审美的创造，一个是审美的再造。下判断的活动叫做“鉴赏力”[①]，创造的活动叫做“天才”；鉴赏力与天才在大体上所以是统一的。

有一句常谈：批评家要有几分艺术家的天才，而艺术家也应有鉴赏力，这句话可约略见出天才与鉴赏力的统一。另一句常谈也是如此：鉴赏力有主动的（创造的）和被动的（再造的）两种。但是另有一些也是常说的话却否定天才与鉴赏力的统一，例如说有鉴赏力而无天才，或有天才而无鉴赏力。这些话是无意义的，除非它们只是指分量的或心理的差别：有些人创造艺术作品，其中主要的部分出于灵感，次要的部分疏忽有缺点，就叫做有天才而无鉴赏力；有些人在片段的或次要的方面有优点，却没有足够的力量作一

① “鉴赏力”（taste）：有时译为“趣味”，就是对于文艺的鉴别美丑的能力。“天才”（genius）在这里指文艺的创造力。

个伟大的艺术综合，就叫做有鉴赏力而无天才。其它类似的话也容易作类似的解释。但是如果在鉴赏力与天才，艺术的创造与再造之中，设立一个根本的分别，则传达与判断就都变成不可思议了。我们如何能对陌生的东西下判断呢？用某种活动造成的东西，如何能用另一种活动去判断呢？批评家也许是一个小天才，艺术家也许是一个大天才；但两人的天才的本质必仍相同。要判断但丁，我们就须把自己提升到但丁的水平，从经验方面说，我们当然不是但丁，但丁也不是我们；但是在观照和判断那一顷刻，我们的心灵和那位诗人的心灵就必须一致，就在那一顷刻，我们和他就是二而一。我们的渺小的心灵能应和伟大的心灵的回声，在心灵的普照之中，能随着伟大的心灵逐渐伸展，这个可能性就全靠天才与鉴赏力的统一[①]。

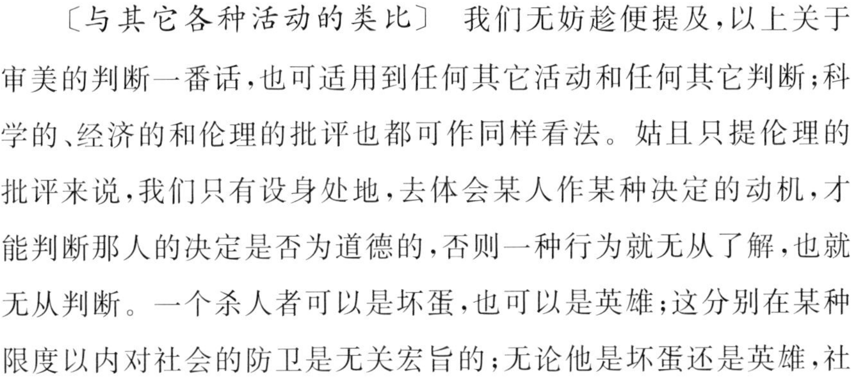

〔与其它各种活动的类比〕　我们无妨趁便提及，以上关于审美的判断一番话，也可适用到任何其它活动和任何其它判断；科学的、经济的和伦理的批评也都可作同样看法。姑且只提伦理的批评来说，我们只有设身处地，去体会某人作某种决定的动机，才能判断那人的决定是否为道德的，否则一种行为就无从了解，也就无从判断。一个杀人者可以是坏蛋，也可以是英雄；这分别在某种限度以内对社会的防卫是无关宏旨的；无论他是坏蛋还是英雄，社

① “艺术的判断”：就是艺术的批评。一般人以为创造靠天才，批评靠鉴赏力，是两件不同的事。克罗齐以为批评须假道于再造，设身处地把原作者创作时心理过程在想象中再经历一遍，然后可以判断作品的美丑，在批评但丁时，就要了解但丁，就要把自己提升到但丁的地位，再造他所曾创造的作品，因此天才与鉴赏力，创作与批评，并没有根本的分别。

会对他都要同样惩处；可是我们如果要从道德的观点去辨别判断，杀人者是坏蛋还是英雄的问题就不是无关宏旨了；所以我们不能不把杀人者的个人心理研究出来，以便确定他的行为的真相，不仅是它的法律方面，尤其是它的道德方面。在伦理学里人们也往往提到道德的鉴赏力或应付能力，相当于普通所谓道德的意识，即善良意志本身的活动。

〔评审美的绝对主义（理智主义）与相对主义〕 上述关于审美判断或再造的一番说明，对于绝对主义者与相对主义者，承认鉴赏力的绝对性者与反对鉴赏力的绝对性者，既赞同而又指责。

绝对主义者肯定美是可以判断的，这并不错；但是这肯定所根据的理论却不能成立，因为他们把美（即审美的价值）认成不在审美活动里面的一种东西，认成一种概念或模型，艺术家在他的作品里就实现这概念，而批评家后来判断那作品本身时，也还利用这概念。其实这类概念和模型在艺术中并不存在；因为既已承认每种艺术都要从它本身上去判断，而且它本身就是它的模型，这其实就已否认有美的客观的（外在的）模型，无论这种模型是理智的概念，还是在形而上学的天空悬着的观念。

在提出这意见时，他们的论敌，相对主义者，是很对的，比绝对主义者算是进了一步。但是他们的主张开始虽有理，后来却也变成一种错误的理论。援引“谈到趣味无争辩”那句古话，他们相信审美的表现品与一般产生快感和不快感的东西性质相同，每个人对它有每个人的感觉，无从争辩。但是我们明知产生快感和不快感的东西是功利的实践的事实。从此可知相对主义者否认审美的事实有特殊性，又把表现混为印象，认识的活动混为实践的活动了[①]。

真正的解决办法在把相对主义（心理主义）和错误的绝对主义都丢开，承认鉴赏力的标准是绝对的，但是不是像理智借理性化而显现的那样绝对，而是因为想象有直觉的绝对性。因此，真正是表现活动的东西都应承认其为美，表现的活动和被动[②]两方面还在冲突而未解决的东西都应承认其为丑。

〔评相对的相对主义〕　在绝对主义者与相对主义者之间还有第三类人物，可以叫做相对的相对主义者。他们承认其它范围内有绝对价值，却否认美学范围内有绝对价值。他们以为辩论科学或道德问题是合理的，可辩护的，因为科学全靠共相，而共相对于一切人是共同的，道德全靠责任，而责任也是一个普遍的人性的规律；至于艺术全靠想象，怎样能辩论它呢？但是不然，不仅想象的活动仍有普遍性，仍与逻辑的概念和实践的责任一样伏根于人性，而且这相对的相对主义还有一个首先就碰到的难点。如果我们否认想象的绝对性，就必同时否认理智的或概念的真理的绝对性，骨子里也就否认道德的绝对性。道德不要假定先有逻辑的分别么？逻辑的分别可不要借文字表现，借想象的形式，才可以让人明白么？如果想象的绝对性取消了，心灵的生活就必从基础倒

① 克罗齐在这里所说的绝对主义（absolutism）与相对主义（relativism），即文学批评中的教条主义与印象主义。前者相信美有客观的标准，艺术有固定的规律，批评家拿这标准与规律去衡量作品，如同裁缝拿尺去量布；后者相信美无客观的标准，艺术不应有固定的规律，嗜好人人不同，批评家如果诚恳坦白，就只能凭他自己在作品中所得的印象，批评是“心灵在杰作中的冒险”。克罗齐对这两种主张都反对。

② 被动（passivity）是自然或物质的特征，犹如活动（activity）是心灵的特征。活动与被动尚在冲突，即心灵尚未克服自然或物质。

塌下来。一个人就不能了解另一个人,或是一顷刻以前的自己(这在一顷刻以后看,已另是一个人)。

〔以刺激物与心理情况的多样化为理由,对本说的反驳〕不过判断的分歧却是一个无可置疑的事实。人们对于逻辑的伦理的和经济的估价,意见常相左;对于审美的估价还是如此,或则更甚。我们在上文所举的理由(匆忙、偏见、情欲等等)纵然可以减少这种分歧的重要性,却不能消除它。在谈再造的刺激物时,我们曾加了一句警告说:“如果一切其它条件都凑合”,再造才会发生。它们是否凑合呢?这假设是否符合事实呢?

它好像并不符合。要凭借一个合宜的物理的刺激物,多次去再造一个印象,还有两个重要的条件:第一,这刺激物始终一样;其次,希望再造的印象原来在什么样心理情况发生,现在主体还要维持什么样的心理情况。事实却不然,物理的刺激物常在变动,心理情况也常在变动。

油画变黑暗,壁画褪色,雕像失掉手脚和鼻子,建筑全部或局部毁坏,乐曲的演奏法失传,诗的正文被不高明的抄录或印刷弄得错脱,这些是物理的刺激物天天遇到变故的著例。至于心理情况,我们不消多说聋盲之类消失某某整个方面的心理印象,更重要的是那些基本的,日常的,不可避免的,无终止的社会的变动,以及我们个人生活的内心状态的变动。但丁的《神曲》的文字声音对于参与第三罗马[①]时代政治的那些意大利公民所生的印象,和它对于

① 第三罗马:古罗马为第一罗马,中世纪天主教会为第二罗马,近代意大利为第三罗马。

见闻较确，接触较密的与诗人同时的人们所生的印象必不相同。挂在新圣马利亚教堂里的契马布埃[①]所画的《圣母》，对现在的游客和对13世纪佛罗伦萨市民，意味是否相同呢？纵然它没有因古旧而黑暗，我们不应该猜想它现在所生的印象大不如前吗？就拿同一诗人来说，他的早年作品，老年再读时，心理情况完全变了，能否产生同样的印象呢？

〔评自然符号与习成符号的分别〕 有些美学家想在刺激物与刺激物，自然的符号与习成的符号之中立出分别，说自然的符号对于一切人有一致的效果，而习成的符号则只对于某一部分人才能生效果。他们相信：图画所用的符号是自然的，诗所用的符号是习成的。但是这种分别至多也只是程度上的。人常说图画是人人了解的语言，诗就不然；例如达·芬奇就觉得图画的特长在“不像文字，不需要各种语文的传译者”，对于人和动物都能引起快感。他谈到一个家庭中父亲的画像的故事，说“孩子们还在襁褓中就知道爱它，连家里的猫狗也爱它”。但是也有另一些故事似乎使小孩和猫狗都懂图画这个信念要动摇，例如一个野蛮人把一个兵士的画像认成一条船，把一个骑马人的画像认成只有一条腿。幸而人们无用辛苦研究，就可以明白画，诗，和一切艺术作品，只是对于有训练的懂得它们的人们才能发生效果。自然的符号并不存在，一切符号都是习成的，说得更精确一点，都是受历史条件决定的。

① 契马布埃(Cimabue 1240—1302)：意大利名画家。他的《圣母像》画成后曾轰动一时，成千成万的群众从他的画室把那幅画送到新圣马利亚教堂。

〔情况差别的克服〕 承认了这一点，我们如何能凭借物理的东西把表现品再造出来呢？情况已不同了，如何能得到同样效果呢？尽管有为再造而设的物理的工具，尽管所谓再造都是新的表现品，我们是否就必断定表现品不能再造呢？如果物理的和心理的情况的差别在本质上就不可克服，这就会是当然的结论。但是它们既没有必不可克服的道理，我们就要断定：只要我们能，而且愿把自己摆在原来造作那刺激物（物理的美）时的那个情况中，再造总会发生。

我们能把自己摆在那个情况中，这不仅是一种抽象的可能，而且事实上我们确常这样办。假如不这样办，个人的生活（这就是我们与过去自我的交接）和社会的生活（这就是我们与旁人的交接）就都成为不可能了。

〔修补还原与历史的解释〕 至于艺术再造所凭借的物理的东西，把那些诗文的正文修补还原的古文字学者与语文学者，图画雕刻的修补还原者，以及其它勤勉的工作者所努力做的事，正是要使那物理的东西保持或恢复它原有的一切力量。这些企图固然有时不成功，或不完全成功，因为想叫修补还原的东西与原物铢两悉称，是不可能或难能的；但是这里不可克服的也只是偶然才有，不应使我们忽略确实有些修补还原是成功的。

历史的解释努力把在历史过程中已经改变的心理情况在我们心中恢复完整。它使死的复活，破碎的完全，以便我们去看一个艺术品（一个物理的东西）如同作者在创作时看它一样。

这个历史的工作有一个条件，就是传统文献[①]，借它才能把分散的光线集中于一个焦点上。我们借记忆的帮助，搜集那物理的刺激物（作品）所由发生的一些事实，拿来摆在那刺激物的四周，因此使它影响我们，如同它从前影响创作者本人一样。

传统文献如果断绝了，解释就得停顿；在这种情形之下，过去的作品对于我们就默然无语。因此，爱屈拉斯康[②]或墨西哥的碑刻那些表现品就是捉摸不着的。我们常听到人种学者们讨论野蛮人的一些艺术作品是图画还是文字；考古学家和史前史学家们有时没有把握去确定在某区域的陶器或其它用具上所发见的图形是宗教性的还是世俗性的。但是解释的停顿，像修补还原的停顿一样，向来不是一个绝对不可克服的障碍。新史料逐日发见，运用旧史料的较好的新方法也逐日发见，而且这些方法还可望永在进步，这些都可以把断绝的传统文献连接起来。

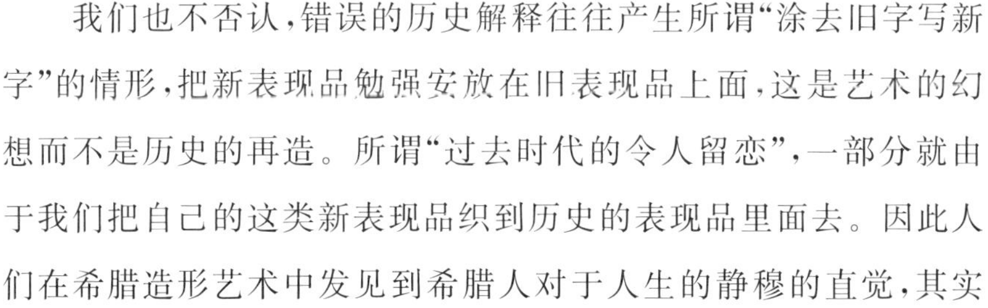

我们也不否认，错误的历史解释往往产生所谓“涂去旧字写新字”的情形，把新表现品勉强安放在旧表现品上面，这是艺术的幻想而不是历史的再造。所谓“过去时代的令人留恋”，一部分就由于我们把自己的这类新表现品织到历史的表现品里面去。因此人们在希腊造形艺术中发见到希腊人对于人生的静穆的直觉，其实

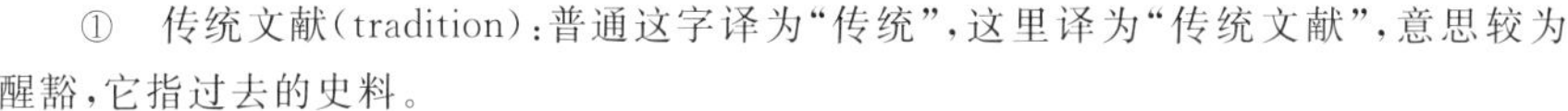

① 传统文献(tradition)：普通这字译为“传统”，这里译为“传统文献”，意思较为醒豁，它指过去的史料。

② 爱屈拉斯康(Etruscan)：这字源于Etruria，罗马时代的一个古国，在意大利中部。世界上有好些地方，像这种古国，都有碑版出土，碑版上的文字尚待考古学家与古文字学者去发见。

希腊人也很尖锐地感觉到人类尽有的愁苦；人们近来又在拜占庭[1]的圣像的面孔上发见"第一千年的恐怖"，其实这恐怖是起于一种误解，或是后来学者们所造的传说。但是历史的批评恰恰就要限制这样的幻想，要精密地确定我们应该采取的观点。

用上述方法，我们常和古人和今人维持着交际；我们决不应该因为我们偶尔，甚至常常，遇到一个不知道的或知道不清楚的东西，就断定说：所以我们自信在与旁人对话时，其实只是在独语；或是说：我们就连过去向自己说的独语，现在也无法复述。

① 拜占庭(Byzantium)：东罗马帝国的都城，古代及中世纪东方艺术的中心。传说黑暗时代的欧洲人相信耶稣纪元第一千年就要见到末日的审判，所以有"第一千年的恐怖"的话。

第十七章 文学与艺术的历史

〔文学与艺术中的历史批评，它的重要性〕 用什么方法才能把艺术作品所由产生的原来情况完整地恢复过来，因而使再造与判断可能，上文已作了简单的说明；从这说明中可以见出，艺术与文学作品的历史的研究负有如何重要的职责，这种研究就是通常所谓文学与艺术的历史的批评或历史的方法。

如果没有传统文献和历史的批评，人类所造成的全部或几乎全部艺术作品的欣赏就会丧失而不可恢复，我们就会不比动物好多少，全困在现时或最近的过去中。一个人重新整理一部书的可靠的本文，解释已被遗忘的文字和风俗，研究一个艺术家的生活情况，完成一切工作，使艺术作品的品质和本来色调复活，他是不应受到鄙视与嘲笑的。

历史的研究往往受到鄙薄或否定，因为假定了或证明了这些研究在多数事例中，不能使我们真正了解艺术作品。但是我们首先要说明，历史的研究并不以帮助再造和判断艺术作品为唯一的目的；比如说，一个作者或艺术家的传记和一代风俗的研究，都有它们自己的用处，对艺术的历史虽是题外事，对别种史学却并非题外事。如果说有些研究好像没有什么用处，不能实现什么目的，我们必须回答：历史学者往往不得不担任一个搜集事实者的有用而却不甚荣耀的任务。这些事实在暂时尽管是无形式的，不连贯的，无意义的，对于未来的史学家和需要用它们的人们却是宝藏。如同在一个图书馆里，人不常看的书籍还是编目摆在架上，因为有时也许有人要看它们。固然，正如一个聪明的图书馆长比较重视他所认为比较有用的书籍，把它们采购来，加以编目，聪明的学者们也有一种本能，在所考核的许多事实材料中，认出哪些比较有用；至于另一批学者们，资禀较差，智力较弱，比较急于生产，却堆积一些无用的七杂八拉的渣滓垃圾，迷失在琐细节目与无聊讨论里。但是这是关于研究的经济的考虑，与我们不相干。它至多只影响到选择那些题材的主人，花钱印刷的发行人，和被邀请来赞扬或指责这些研究工作者的批评家们。

在另一方面，历史研究的目的在阐明艺术作品，显然不能单独地就能使那作品在我们的心中复活起来，把我们摆在可以判断它的地位；它须先假定有鉴赏力或灵活的有修养的想象力。最渊博的历史学问可以伴着粗疏的或有其它缺点的鉴赏力和迟钝的想象力，或是像人们所说的，一颗不通艺术的冷硬的心。哪一个坏处较小呢？学问渊博而鉴赏力低劣，还是天生成有鉴赏力而无学问呢？这问题常有人问，最好的方法也许是否认它有任何意义，因为我们不能说哪一个坏处较小，也不能说这问题究竟怎样讲。仅仅有学问的人永不能与伟大人物有心灵的交通，他总不免徘徊于伟大人物的宫殿外天井里，楼梯上或外接待室里；至于有天资而无学问的人们则经过艺术杰作不得其门而入，否则不从本来面目上了解艺术作品，只凭幻想虚构另一些艺术作品。前一种人的工作至少可以帮助旁人了解，后一种人的天才对于知识却毫无裨补。从科学方面说，我们如何能不宁愿要小心谨慎的学问家，而不要虽有资禀而却不能令人置信的批评家呢？如果这种批评家自甘徘徊于离真理很远的地带，他其实也就不算真正有天才了。

〔文学与艺术的历史，它与历史批评的分别，与审美判断的分别〕　我们须把三件事精确地分别出来：（一）艺术与文学的历史与（二）使用艺术作品为材料，而目的却不在审美的那种历史工作，（三）准备作再造的审美综合用的那种历史的学问。

头两项的分别是明显的。艺术与文学的历史以艺术作品本身为主要的对象，第二项那些工作把艺术作品当作证人传讯，要发见不属审美范围的事实真相。第一项与第三项的分别好像没有那样深奥，却仍是很大的。用来帮助了解艺术作品的那种渊博学问只有一个目的，就是引起某种内在的事实，某种审美的再造。只有这种再造实现了以后，艺术与文学的历史才可以出现，所以历史是进一步的工作。

像一切其它历史一样，文艺史的目的在据实记载真正发生过的事实，这就是艺术和文学的事实。一个人在得到了必需的历史知识以后，在自己心中把一个艺术作品再造出来，加以玩味；这种人可以只是一个具有鉴赏力的人，或是至多只能用一声赞赏或责骂来表出他的感觉。这并不足以造成一个文学与艺术的历史家。要做这种历史家，他还须在这简单的再造之后，接着有一种新的意匠经营。这就要另产生一种表现品，再造的表现品，即历史的描写，叙述或表象。因此具有鉴赏力的人与历史家有这样一个分别：前者只在自己心中把艺术作品再造出来，后者在再造之后，再用历史的方式去表现它，或是应用我们说过的历史所以别于纯艺术的那些范畴[①]。艺术与文学的历史所以就是一个历史的艺术作品，建筑在一个或一个以上的艺术作品基础上。

“艺术的”或“文学的”批评家一个名称有各种意义：有时它指研究文学的学者，有时它指阐明过去艺术作品真相的历史家，更普通的是指两种人合而为一。有时“批评家”作狭义用，专指当代文学作品的判断者与描写者，而“历史家”则专指讨论时代较远的作品者。这都是语文的习惯用法和经验的分别，可以略而不论；因为真正的分别只在“学者”，“具有鉴赏力者”与“艺术史家”。这些名称指先后衔接的三个阶段的工作，每一阶段都是后依前而前不依后。我们已经说过，一个人可以只是学者而却不很能了解艺术作品；他也可以具备学问与鉴赏力，却只能感觉艺术作品，而不能重新衡量它，写出一页艺术与文学的历史来。但是真正完备的历史家一方面以具备学者与具有鉴赏力者的双重本领为必有的基础，一方面在这些本领以外，还有历史的识见与历史叙述的才具。

〔艺术史与文学史的方法〕 艺术与文学的历史方法论有种种问题和难点，其中有些通于一般历史的方法论，有些从艺术概念本身生出，所以专属于艺术与文学的历史。

〔评艺术起源问题〕 历史通常分为人类史、自然史、人类自然混合史三种。在这里姑且不讨论这区分是否稳妥，艺术与文学的历史显然必属于第一种，因为它涉及心灵的活动，人所特有的活

① 详见第31页“历史——它与艺术的同异”，要点在纯粹的直觉品没有实在的与非实在的分别；历史的直觉品有这个分别。

动，这种活动既是它的题材，讨论“艺术起源”那个历史问题就显然妄诞；而且我们还要指出，这个名词在不同的时候指不同的事物。“起源”往往指艺术事实的本质或性格[①]；就这个意义说，人们所企图讨论的就是一个真正的哲学或科学的问题，也正是本书所要解决的问题。“起源”又往往指观念的产生[②]。寻求艺术的理由，从兼包心灵与自然两概念的最高原则推出艺术的事实。这也是一个哲学的问题，对前一问题是补充，实在就和前一问题相同。可是人们往往凭借牵强的半幻想的形而上学把这问题解释得很奇怪，解决得也很奇怪。但是艺术起源问题的目的如果在发见艺术的功能恰以何种方式在历史上形成，就不免我们所说的妄诞。表现既是意识的最初形式，我们如何能替本非自然的产品，而且须先假定有它才能有人类历史的那件东西[③]寻历史的起源呢？一切历史的程序和事实都要借艺术这一个范畴才能了解，我们如何能替这个范畴溯历史的起源呢？这种妄诞起于拿艺术和人类各种制度作比较，这些制度曾在历史过程中形成，曾在或可在历史过程中消灭。艺术的事实与人类制度（例如一夫一妻制，佃田制）有一个分别，与化学中原子与化合物的分别相似。原子的形成是不能指出的，如

① “起源”指艺术的事实的本质或性格，这普通叫做“心理的起源”，以别于“历史的起源”。亚理斯多德在《诗学》里谈诗起源于“模仿本能”和认识“某即为某”的快感，就用“起源”的这个意义。克罗齐以为艺术起源于直觉，并且主张“起源”只能这样当作“本质”解释，不能当作历史的意义讲。

② “观念的产生”(ideal genesis)：指从观念或原则推出艺术所以存在的理由。

③ 先有不分别实在与不实在的纯艺术的直觉品，然后才能有分别实在与不实在的历史的直觉品，所以艺术先于历史。艺术既先于历史，我们就不能替艺术寻历史的起源。

能指出，它就不是原子而是化合物。

艺术起源问题作历史意义解释，只有一件事有理由可做，就是不去探讨艺术范畴的形成，而只探讨在何时何地艺术第一次出现（这就是说，很明显地出现），出现在地球上某一点或某一区域，在历史上某一点或某一时期，这就是说，它的研究对象不是艺术的起源，而是艺术的最初的或原始的历史。这问题与人类文化何时出现于地面的问题其实相同。解决的资料固然还缺乏，但是在抽象理论上还可能有解决，事实上试探性的和依假设的解决方案已经很多。

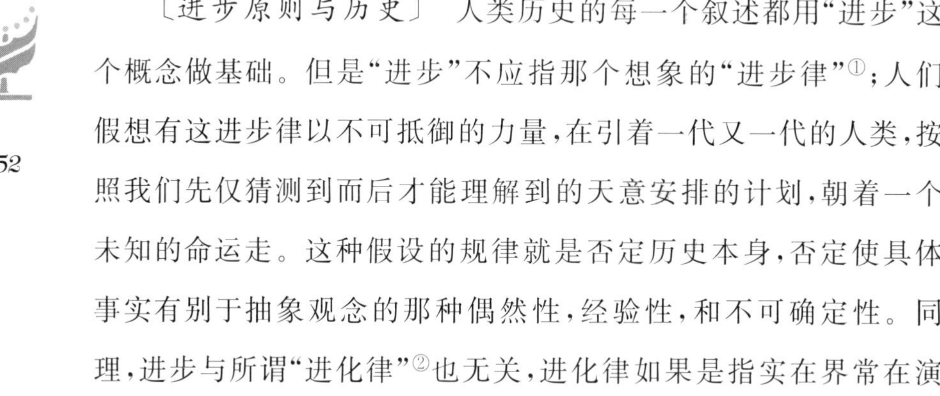

〔进步原则与历史〕　人类历史的每一个叙述都用“进步”这个概念做基础。但是“进步”不应指那个想象的“进步律”[1]；人们假想有这进步律以不可抵御的力量，在引着一代又一代的人类，按照我们先仅猜测到而后才能理解到的天意安排的计划，朝着一个未知的命运走。这种假设的规律就是否定历史本身，否定使具体事实有别于抽象观念的那种偶然性，经验性，和不可确定性。同理，进步与所谓“进化律”[2]也无关，进化律如果是指实在界常在演变（实在界之所以为实在界，就因其常在演变），那就不能叫做一个“规律”；如果把它当作一个规律看，那就和上述意义的进步律是一

① “进步律”(the law of progress)：有些学者——尤其是18世纪的学者——相信人类逐渐向完善方面走，所以天天在进步。人类史仿佛有一个天意定的目的，人类行动都不知不觉地沿着一条直线向那目的走。克罗齐反对此说。

② “进化律”(the law of evolution)：evolution一字原义只是“演变”，从达尔文的《物种源始》起，“演变”和“进步”两个观念遂联合起来，于是一般人遂把它译为“进化”。

件事。我们在这里所说的“进步”不过就是人类活动那个概念本身，这人类活动运用自然所供给的材料，克服了那材料的障碍，使它屈就自己的范围，完成自己的目的。

把进步看成应用于某种已有材料的那种人类活动，这个看法才是人类历史家的观点。除非一个只是散漫的事实的搜集者，一个单纯的古董家，或是一个不求连贯的编年纪事者，一个人如果没有一个确定的观点，对于他要预备写的历史要用的事实没有他自己的一种看法，他就不能就人类事实作出丝毫的叙述。没有人从生糙的事实的乱堆出发，可以做出一部历史的艺术作品，除非他能从一个确定的观点作全面观察，从那生糙的无形式的顽石堆中雕出一个有定形的雕像。叙述实践行为的历史家须知道经济是什么，道德是什么；数学史家须知道数学是什么；植物学史家须知道植物学是什么；哲学史家须知道哲学是什么。如果他实在不知道这些东西，他至少也要有一种幻觉，自以为知道，否则他就连妄信自己是在写历史也不可能。

每一篇人类事务的叙述，每一篇人类行动与经历的叙述，都必有这种主观的原则或标准（这与处理事实资料的极端的客观、公正、谨慎，都为可以并行不悖，其实主观的原则就是组成这些史德的一个要素），这道理我们在这里无须再加详说。只消打开任何一部历史一读，马上就可以发见作者的观点，如果他是一位名副其实的历史家，知道他的任务。在政治史家或社会史家之中，有自由派，反动派，理性派，和正统派；在哲学史家之中，有形而上学派，经验学派，怀疑派，唯心派和精神派。纯然历史的历史学家不存在，也不能存在。修昔底德[①]和波里比阿[②]，李维乌斯[③]和塔西佗[④]，马基雅维利[⑤]和圭恰尔迪尼[⑥]，嘉南勒[⑦]和伏尔泰[⑧]诸史家丝毫没有道德的和政治的见解么？在我们的时代，基佐[⑨]或梯也尔[⑩]，麦考莱[⑪]和巴尔波[⑫]，兰克[⑬]或蒙森[⑭]，不也是如此？在哲学史方面，从黑格尔（他是第一人把哲学史的地位提得很高）[⑮]到芮特[⑯]，采勒[⑰]，

① 修昔底德（Thucydides 公元前 471—400）：希腊大史学家，他最大的历史著作叙述雅典与斯巴达的战争。

② 波里比阿（Polybius 公元前 205—125）：罗马大史学家，他的历史著作叙述公元前 264—146 年的史事，全书 40 卷，现仅存 5 卷。

③ 李维乌斯（Livius 公元前 59—公元 17）：罗马大史学家，著有罗马史。全书 142 卷，现仅存 35 卷。

④ 塔西佗（Tacitus 约 55—约 120）。罗马大史学家，著作甚多，重要的有《日耳曼地方志》，《编年史》诸作。

⑤ 马基雅维利著有《佛罗伦萨史》。

⑥ 圭恰尔迪尼（Guicciardini 1483—1540）：意大利史学家，他的历史著作叙述文艺复兴时代的意大利。

⑦ 嘉南勒（Giannone 1676—1748）：意大利史学家，他的历史著作叙述那不勒斯的立法的经过。

⑧ 伏尔泰（Voltaire 1694—1778）：著名的法国哲学家，著有《路易十四时代》。

⑨ 基佐（Guizot 1787—1874）：法国政治家和历史家，著有《英国革命史》，《欧洲文明史》，《法国文明史》诸书。

⑩ 梯也尔（Thiers 1797—1877）：法国历史家。

⑪ 麦考莱（Macaulay 1800—1859）：英国历史家，著有英国史。

⑫ 巴尔波（Balbo 1789—1853）：意大利史学家。

⑬ 兰克（Ranke 1795—1886）：德国大史学家，著有《世界史》和《罗马教皇史》。

⑭ 蒙森（Mommsen 1817—1903）：德国大史学家及考古学家，他的《罗马史》是近代一部史学名著。

⑮ 黑格尔著有《哲学史》。

⑯ 芮特（Ritter 1791—1869）：德国哲学史家。

⑰ 采勒（Zeller 1814—1908）：德国学者，希腊哲学史的权威。

库辛[①]，路易斯[②]和我们意大利的斯巴文陀[③]，有哪一位没有他的对于进步的看法和判断的标准呢？在美学史方面，哪一部有价值的著作不是从某某观点，某某倾向（黑格尔派或是赫尔巴特派）[④]，某某观点（感官主义的，调和折衷的，或某某其它的）写成的呢？如果历史家要避免不可避免的左右袒，他就必变成一个政治的或科学的阉宦，而历史并非阉宦的勾当。这种人至多只能编纂一些大部头著作，包含一些虽非无用而却软弱无力的渊博学问，有人说它们有“僧侣气”，并非无理。

一个进步的概念，一个观点，一个原则或标准既然是不可少的，最好的办法就是不要避免它而尽量地去找一个最好的。每人在郑重辛苦地形成自己的见解时，都朝着这个目标走。自认只审问事实而不参加己见的历史家们都不可靠。他们说这话，就最好的意义来说，也是由于他们的呆笨和错觉。如果他们真是历史家，就不免要参加一点己见，尽管他们自己不觉得，或则他们自以为曾设法避免己见，因为它们只暗示己见；这其实是最委婉、诱辟、有效的表达己见的办法。

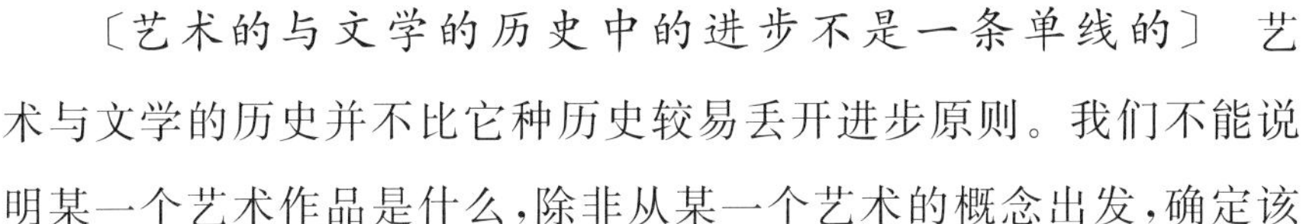

〔艺术的与文学的历史中的进步不是一条单线的〕　艺术与文学的历史并不比它种历史较易丢开进步原则。我们不能说明某一个艺术作品是什么，除非从某一个艺术的概念出发，确定该

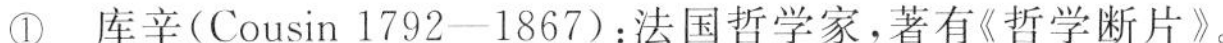

① 库辛（Cousin 1792—1867）：法国哲学家，著有《哲学断片》。

② 路易斯（Lewes 1817—1878）：英国作家，著有《哲学的传记史》及《歌德传》。

③ 斯巴文陀（Spaventa 1817—1883）：意大利的黑格尔派哲学史家。

④ 黑格尔派美学史家大半从唯心主义哲学出发。赫尔巴特派反对这种出发点，主张就艺术而论艺术，比较近于自然科学的态度。

作品的作者所要解决的艺术问题，再看他是否把那问题解决了，或是在某一点他想要解决而失败了，失败的程度如何。但是有一点须注意：进步原则在艺术与文学的历史中所取的形式，与它在科学的历史中所取的(或是人们相信它所取的)形式，并不相同。

人们通常把全部科学的历史看成沿着一条单线前进或后退。科学是共相，它的问题都安排成一个大系统，或是一个兼容并包的大问题。凡是思想家们都同是在探讨一个问题，即实在与知识的性质；无论是沉思的印度人和希腊哲学家，基督教徒和伊斯兰教徒，光头和包巾的头，还是戴假发的头和戴学院制帽的头(像海涅[①]所说的)。未来的人们也会像我们一样在这问题上劳心焦思。这种单线的看法对于科学是否正确，不是短时间所能讨论的。但是它对于艺术却是错误的；艺术是直觉，直觉是个别性相，而个别性相向来不复演。把人类艺术造作的历史看成沿一条前进和后退的单线发展，所以完全是错误的。

带几分概括和抽象的意味，我们至多只能说：审美的作品的历史现出一些进步的周期[②]，但是每周期有它的特殊问题，而且每周期只能就对于那问题说，是进步的。许多人都按照一个大致相同的方式，在同一题材上用功夫，没有能给它一个恰当形式，但是总在逐渐逼近恰当形式，那据说就是进步；等到一个人出来找到了那

---

① 海涅(Heine 1797—1856)：德国著名诗人，引语见他的一首诗：《问题》。

② “进步的周期”(progressive cycles)：依这个看法，文艺史上的进步并非直线的，而是有波折起伏的。例如中国诗，四言、五言、七言、古体、律体、词、曲各自成一周期；在它的周期内，五言(或其它体)萌芽，兴盛以至于衰落，有进步的程序；后起的诗体对于它不一定是进步。

个恰当形式,那周期据说就已完成而进步也就终止了。一个典型的例证就是意大利文艺复兴时代从浦尔契[①]到阿里奥斯托(姑举此为例,请宽恕过度的简单化)那时期运用骑士风为题材的风气的进步。在阿里奥斯托以后,运用那个题材的结果就只是复述和模仿,缩简或夸张,把前人所已做到的加以损毁,总之,只是衰颓。阿里奥斯托的仿效者可以为证。一个新周期开始,进步也就开始。塞万提斯可以为证,他有较开朗的自觉的讽刺风味。16 世纪末叶意大利文学的普遍衰颓由于什么呢?全由于没有新的话可说而只复述和夸张已经发见过的母题。如果这时期的意大利人只要能表现他们自己的衰颓,那就不会完全是失败,就会预兆复兴时期[②]的文学运动。如果题材不一致,进步的周期便不存在。莎士比亚不能看作对于但丁的进步,歌德也不能看作对于莎士比亚的进步。不过但丁对于中世纪末的灵见派作者[③],莎士比亚对于伊丽莎白朝的戏剧作者,歌德以他的《维特》和《浮士德》第一部[④]对于狂飙

① 浦尔契(Pulci 1432—1484):意大利浪漫式史诗的创始人。从他起一直到阿里奥斯托,罗兰(Roland,意大利文为 Orlando)及其他骑士的事迹是诗人最爱写的题材。

② 复兴时期(risorgimento):指意大利在 19 世纪中叶进行统一运动的时期。那时文学界领袖是孟佐尼。

③ “中世纪的灵见派作者”(the visionaries of the middle ages):意大利在中世纪抒情诗最发达,大半受法国南部普罗温斯省诗人的影响,爱情是主要的题旨。vision 原义为宗教信徒在默想中所见的境界,visionary 有过信幻想不察事实的意思。中世纪意大利的典型的灵见派人物是圣佛兰西斯(St. Francis of Assisi 1182—1226),一位极虔诚的宗教家,著有《日颂》对当时诗坛颇有影响。

④ 《维特》(*Werther*)和《浮士德》第一部都是德国大诗人歌德的早年名著。前者是书信体小说,后者是诗剧,都很富于当时的浪漫主义的色彩。

突进时代[①]的作者，都可以说是进步。这种叙述诗歌和艺术的历史的方式；前已声明，含有几分抽象的，纯是实践的意味，没有严格的哲学的价值。不仅是野蛮人的艺术，就其为艺术而言，并不比文明人的艺术逊色，只要它真正能表现野蛮人的印象，而且每个人，乃至每个人的心灵生活中每一顷刻，都各有它的艺术的世界；这些世界彼此不能在价值上作比较。

〔一些违犯这个规律的错误〕 许多人曾违反而且仍在违反艺术史与文学史的进化原则的这个特殊形式[②]。例如有些人说乔托[③]时代意大利艺术还在幼稚期，到了拉斐尔和提香[④]才达到成熟期，好像是说乔托还没有十分完善。就他的心灵所得到的感觉材料来说，他确实不能像拉斐尔那样画人物，或是像提香那样着色；但是拉斐尔或提香能否创作《圣方济各与贫穷结婚》或《圣方济各之死》那样的作品呢？乔托的心灵并不感觉到人体美，而文艺复兴时代的艺术家们则抬高人体美而致力研究，拉斐尔和提香的心灵对14世纪人们所眷恋的热烈与温柔已不感兴趣。比较的根据既不存在，如何能作比较呢？

艺术史的著名分类把艺术分为(一)东方时期，理念与形式不平衡，形式溢于理念；(二)古典时期，理念与形式平衡；(三)浪漫时

① "狂飙突进"(Sturm und Drang)：指德国在18世纪末的文学运动，即浪漫运动的高潮。主要的领袖是歌德、席勒和赫尔德(Herder)。

② "这个特殊形式"指上文所说的"进步的周期"。

③ 乔托(Giotto 1276—1337)：意大利早期大画家，他的画在技巧上虽还幼稚，所表现的宗教热情却很深厚。

④ 拉斐尔(Raphael 1483—1520)和提香(Tiziano 1490—1576)都是意大利文艺复兴末期的大画家。意大利画在他们的时代技巧成熟到了最高峰。

期，理念与形式又不平衡，理念溢于形式[1]；这也是犯了上述错误。又有人把艺术分为(一)东方艺术，形式不完善；(二)古典艺术，形式完善；(三)浪漫艺术，形式内容都完善；这还是犯了同样的错误。"古典的"与"浪漫的"两词，在它们的许多意义之外，又得到进步的或退步的时期那么一个意义，所谓进步或退步是看它能否实现某一种假定的艺术理想。

〔进步对于美学的其它意义〕　因此，人类在审美方面是无所谓进步的。不过"审美的进步"往往并不指上下两词联在一起所真正指的东西，而是指我们的历史和知识永远在增加积累，使我们对一切时代一切民族的艺术都能同情，或是像人们常说的，使我们的趣味更普遍。如果拿18世纪和我们的时代相比，这分别就显得很大；18世纪很固步自封，而我们对于希腊罗马艺术(现在比从前懂得较清楚)、拜占庭、中世纪、阿拉伯和文艺复兴的艺术、15世纪艺术、巴洛克艺术[2]、18世纪艺术，都一律欣赏。埃及、巴比伦、爱屈拉斯康诸地艺术，甚至史前艺术，都一天一天也研究得渐深。野蛮人与文明人的分别实不在人类天赋能力方面。野蛮人有语言、理智、宗教和道德，和文明人一样，他也是一个完全的人。唯一的分别在于文明人用认识和实践的活动，在宇宙中探寻到而且掌握到的疆域，比野蛮人的要广大些。我们不能说我们比伯里克理斯[3]

---

① 这是黑格尔的主张，详见他的《美学》的导言。

② "巴洛克艺术"(baroque art)：巴洛克的原义为粗糙不完美的珍珠，后来用来形容文艺复兴时代雕饰得过分而且奇怪的艺术。这种艺术在18世纪意大利和法国极盛。

③ 伯里克理斯(Pericles)：纪元前5世纪雅典鼎盛时代的执政，希腊的哲学文学和艺术在当时都到了最高峰。

时代(举例来说)的人们在心灵方面更灵活;但是也没有人能否认我们比他们更丰富些——我们有了他们的财产,再加上许多其它民族和其它时代的财产,还不消说我们自己的财产。

审美的进步还另有一个也不正确的意义,就是指某一时代比另一时代所产生的艺术作品比较多,不完善或低劣的作品比较少。例如意大利在13世纪末或15世纪末[①]可以说是有一种审美的进步,或艺术的醒觉。

最后,审美的进步往往当作第三个意义用,指的是最文明的民族的艺术作品所表现的心灵状态的精微与繁复,比起文明程度较低的民族和野蛮人的较为进步。但是这所谓进步属于一般心理条件与社会条件,而不属于艺术的活动;对于艺术的活动,材料如何是无关紧要的。

关于艺术与文学的历史方法,应该说的要点如此。

① 即但丁的时代和阿里奥斯托的时代。

第十八章　结论:语言学与美学的统一

〔本书提要〕　把已走过的路回看一下,就可见我们已完成本书的全部计划了。我们研究了直觉或表现的知识的性质,这就是审美的或艺术的事实(第一、二章);描写了知识的另一形式.理性的知识,以及这两种形式的渐次的错综(第三章);因此,我们就能批评一切错误的美学理论,这些错误都起于混淆直觉的形式与理智的形式,以及把甲形式的特质转置于乙形式(第四章)。我们于是趁便把在理性知识和史学理论中一些反面的错误也指出(第五章);进一步探讨审美的活动与心灵的其它活动(不是认识的而是实践的)的关系。我们说明了实践活动的本质,以及它对认识活动所占的地位,因此批评到实践的概念对于美学理论的侵越(第六章)。我们于是把实践活动辨明为经济的与伦理的两种形式(第七章),而且达到一个结论:除掉所分析的四种以外,心灵没有其它形式;因此(第八章)批评到各种神秘的或幻想的美学。既没有其它心灵形式与上述四种形式平行,这已成立的四种也不能再分。由此说到表现品不能分类,批评了把表现品分为简单的与雕饰的,以及作其它类似分类与再分类的修词学(第九章)。但是依照心灵的统一律,审美的事实同时也是实践的事实,唯其如此,它引起快感与痛感。这就引我们研究一般价值的感觉,尤其是审美的价值的

感觉(第十章);批评审美的快感主义的各种形态和错综复合(第十一章),并且把从前侵越美学的许多心理学的概念排出美学的系统之外(第十二章)。从审美的创造进到再造的事实,我们开首就研究审美的表现品的外射;这是为再造而设的,它叫做“物理的美”,无论是自然的或人为的(第十三章)。根据这个分别,我们批评了混淆物理事实与审美事实的错误(第十四章)。我们确定了艺术技巧的意义,技巧是为再造用的;因此批评到各种艺术的区别、界限和分类,并且确定了艺术、经济、道德三者的关系(第十五章)。因为物理的东西并不足以充分刺激审美的再造,我们必须回忆那刺激物原来活动的情况,才能再造,所以我们就研究到历史学的功能在于建立想象与过去作品之中的交通,作为审美判断的根据(第十六章)。我们结束时说明这样得来的再造品后来如何被思想的范畴阐明,这就是探讨文学与艺术的历史方法(第十七章)。

总之,我们就审美的事实本身研究过,又就它与其它心灵的活动,快感与痛感,物理的事实,记忆和历史处理的关系一一研究过。审美的事实在我们面前由主体变成对象,这就是说,由它产生的时刻,逐渐变成对于心灵来说是历史的题材。

如果从外表上拿本书和通常讨论美学的大部头著作比较,本书也许是很单薄。但是它并不单薄,如果我们看出那些大部头著作十分之九都是些不相干的材料,例如假充审美概念的心理学的或形而上学的定义(雄伟的、喜剧的、悲剧的、诙谐的之类),关于所谓美学的动物学、植物学和矿物学的叙述,以及用审美方式评判过的普通历史;具体的艺术史与文学史也整部地拉进美学里来,而且通常是割裂过的;它们备载对于荷马和但丁、阿里奥斯托和莎士比亚、贝多芬和罗西尼[①]、米开朗琪罗和拉斐尔的评判。如果这一切都从那些大部头著作中一笔勾销，我们就颇可自豪地说，本书不但不能算是太单薄，反而比普通美学书籍丰富得多，它们或完全忽略了大部分美学所特有的难问题，或仅约略提及。这些问题是我们认为在职责上应该研究的。

〔语言学与美学的统一〕　我们虽已把美学当作表现的科学加以四面八方的研究，现在还应说明我们为什么替本书加上"普通语言学"一个别名；说明我们何以主张艺术的科学与语言的科学，美学与语言学，当作真正的科学来看，并不是两事而是一事。世间并没有一门特别的语言学。人们所孳孳寻求的语言的科学，普通语言学，就它的内容可化为哲学而言，其实就是美学。任何人研究普通语言学，或哲学的语言学，也就是研究美学的问题；研究美学的问题，也就是研究普通语言学。语言的哲学就是艺术的哲学。

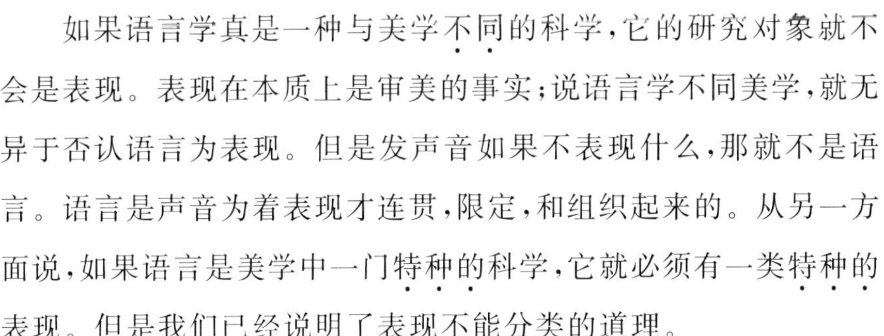

如果语言学真是一种与美学不同的科学，它的研究对象就不会是表现。表现在本质上是审美的事实；说语言学不同美学，就无异于否认语言为表现。但是发声音如果不表现什么，那就不是语言。语言是声音为着表现才连贯，限定，和组织起来的。从另一方面说，如果语言是美学中一门特种的科学，它就必须有一类特种的表现。但是我们已经说明了表现不能分类的道理。

〔语言学的问题化成美学的公式：语言的性质〕　语言学

① 罗西尼（Rossini 1792—1868）：意大利大音乐家。

所要解决的问题，和它所常犯的错误，也正和美学中的相同。把语言学的哲学问题化成美学的公式，有时虽不是易事，却总是可能的。

关于语言学的性质的争辩也和关于美学的性质的争辩相同。例如人们常争辩：语言学是一种历史的训练，还是一种科学的训练。历史的与科学的既有分别，于是人们又问：语言学属于自然科学，还是属于心理科学？所谓心理科学同时指经验的心理学和关于心灵的各种科学。美学也有这种情形。有人把美学认成一种自然科学（把“表现”一词的审美的和物理的两种意义混淆起来），又有人把它认成一种心理科学（把就普遍性相而言的表现和诸表现品的经验的分类混淆起来），另外又有人否认这种题材有成为科学的可能，把美学看成只是历史事实的结集。这几种人都没有认识到美学是一种讨论活动或价值的科学，即一种心灵的科学。

语言学上的表现品，即语文，似常被人看成“惊叹”的事实，属于感觉的生理表现，是人与动物所共有的。但是人们不久就看出：在只是痛感的生理反射的那一声“哎哟！”与一句话之中，以及在这个发泄痛感的“哎哟！”与当作一句话用的“哎哟！”之中，都有一个鸿沟。于是“惊叹”说就被放弃了（德国语言学家们戏称为“哎哟说”），联想说或约定俗成说就接着起来了。驳倒了一般审美的联想主义的理由也就可驳倒这个联想说：语言是诸意象的整一体，不是它们的复合体，复合不能解释表现，而须先假定尚待解释的表现。语言学的联想主义还有一个变相，就是模仿说，或形声说，德国语言学家们讥为“喔唔说”，这是由模仿犬吠声来的。依主张形声说者看,犬就由它的吠声得名[①]。

现代最普通的关于语言的学说(粗浅的自然主义除外)是一种调和折衷,即上述诸说的混合。语言据说一部分由于惊叹,一部分由于形声和约定俗成。由于19世纪后半期哲学的衰颓,才有这种折衷的学说产生。

〔语言的起源与发展〕　最明白语言活动性的那些语言学家们也还犯了一个错误,我们在这里应该指出,他们以为语言在起源时是一种心灵的创造,但是后来借联想而扩充光大。这分别并不确实,因为这里所谓起源只能就性质或性格说;如果语言是心灵的创造,它就应永远是创造;如果它是联想,它也就应从始就是联想。已成就的表现品必须降到印象的地位,才能产生新的表现品;没有抓住这个美学基本原则,才会有这个错误。我们开口说新字时,往往改变旧字,变化或增加旧字的意义;但是这过程并非联想的而是创造的,虽然这创造所用的材料,并不是假想的原始人的印象,而是许多年代以来都在社会中生活着的人的印象,这社会的人已经在他的心理机构中储蓄了许多东西,其中有同样多的语言。

〔文法与逻辑的关系〕　审美的事实与理智的事实的分别问题,在语言学中就是文法与逻辑的分别问题。这问题曾以两种片面正确的方式解决过,即逻辑与文法的不可分性和可分性两说。

① 关于语言的起源,希腊时代即有自然与人为两说。近代德国语言学者马克司·缪勒(Max Müller)把近代学说分为三种:(一)喔唔说,以为人的语言是模仿动物的叫声;(二)哎哟说,以为人的语言是由发泄情感的惊叹声发展成的;(三)哟嘻呵说,以为人的语言起源于共同劳动时大家同发的声音。

但是完善的解决是：逻辑形式虽然不能离开文法（审美的）形式，而文法形式却可离开逻辑形式。

〔文法中词的种类〕 如果我们看一幅画，例如描写一个人在乡间路上走的画，我们可以说："这幅画表示一个运动。这运动如果看成出于意志的，就叫做动作；因为每个运动须有一个物体，每个动作须有一个发动作的人物，这幅画也表示一个物体或人物。但是这运动发生在一个固定的地方，一颗固定的行星（地球），说精确一点，地球上叫做'陆地'的一部分，再说精确一点，陆地上有草木的一部分，叫做'乡间'，乡间自然地或人为地划成一种形式，叫做'路'。叫做'地球'的那颗行星只有一个：它是个体。但是'陆地'、'乡间'、'路'都是总类或共相，因为此外还有旁的陆地，乡间，和路。"同样的考虑还可以继续下去。如果把一句话来代替我们所假想的画，我们可以说："彼得在一条乡间路上走。"复述上文的话，我们就得到"动词"（运动或动作）、"名词"（物体或动作者）、"专门名词"、"普通名词"之类的概念[①]。

在这两个事例中，我们在做什么呢？不过是把原来只以审美形式出现的东西，加以逻辑的阐明；这就是说，我们毁去了审美的东西，来换上逻辑的东西。但是在普通美学中，如果要从逻辑的回到审美的，追问运动、动作、物体、人物、普通、个别等等的"表现"是什么，那就错误了。在语言中也是如此，如果把运动或动作叫做"动词"，人物或物体叫做"名词"；如果语言学的范畴，即词的种类，

① 文法中词的种类即普通文法书所谓 parts of speech，通常分为名词、动词等八类。本章须与第 80 页第九章参看。

被看成由这些名词、动词等等组成,那也就错误了。词的种类说其实就是艺术与文学的种类说,这后一说已经批评过了。

如果说名词或动词用固定的字表示,真与其它词类有别,这就是错误。表现品是一个不可分的整体。名词或动词并不存在于这整体里,而是我们毁坏唯一的语言实在体——句——以后所得的抽象品。句不能像文法书通常所讲的,它是表现一个完整意义的有机体,可以包含一句最简单的惊叹,也可以包含一首大诗。这话听起来好像怪诞,其实是最简单的道理。

如同在美学中,由于上述错误,某些人的艺术作品被认为不完善,因为在这些作品中,那些假定的种类没有分清,或是有一部分缺乏;在语言学中,词的种类也引起类似的错误,把语言的表现认成有"成形的"和"未成形的"的分别,看其中有无那些假立的词的种类中某一种类(例如动词)而定。

〔语言的个性与语文的分类〕　语言学肯定了字就是从口里说出的东西,没有两个字真正相同,同时也就发见了审美事实的不可简化的个性。因此同义字或同音异义字都被取消了,真正以某字翻成另一字,从所谓方言翻译成所谓语文,或从所谓国语翻译成所谓外国语,都已证明为不可能了。

但是区分语文为类别的企图,与这个正确见解就不相容。语文就是某时期某民族真正写出或说出的文句或文句的组合,此外语文便不存在。一个民族的艺术若不是全部艺术作品,是什么呢?一个艺术的性格(例如希腊艺术或法国普罗温斯的文学)若不是那些作品的整个面相,是什么呢?除非详述那个文学的历史,即那语文的实在的历史,这问题如何得到答案呢?

也许有人想：拿这个论点来反对语文的许多寻常分类，虽有道理，拿来反对历史兼谱系的分类（分类中的主脑，比较语文学的光荣），就没有道理。这话确实不错，但是理由何在呢？就正是在历史兼谱系的方法不仅是分类。一个人写历史，就不去分类；语言学家们自己就要赶快承认：凡是可以安排于历史体系里的语文（凡是已确定属于某体系的语文），就不是各成一种，彼此分立，而是一个包含许多事实的整体，在它的发展过程中现出各种阶段。

〔规范文法的不可能〕 语文有时被认成一种出于意志的或任意的作为；但是有时人们也看得清楚，凭意志来勉强创造语文，是不可能的。“你，恺撒，你能公布法律于民众，却不能公布语文于民众。”有人曾经向一个罗马皇帝说过。表现品的审美性（唯其是审美的，所以是认识的，与实践的相对立）就可以显出：如果要有一种规范文法去定出正确的语言规律，从科学观点看，这就是一个错误的观念。聪明人总要反抗这个错误。据说伏尔泰说过：“该文法倒霉。”就是反抗的例证。但是文法教师们也承认过规范文法的不可能，他们招供说：写得好的作品是不能依规矩学来的，文法的学习应取实践的方式，从读物例证下手，以便养成文学的鉴赏力。这种不可能性有一个科学的理由，就是我们所已说明的那个原则：认识活动的技巧是一个自相矛盾的名词。规范文法不正是语文表现的技巧（即认识活动的技巧）吗？

〔含教导意味的著作〕 如果把文法只看作一种经验的训练，一种便于学习语文的格式的汇集，不要求它有哲学的真理，那就与上文所说的情形不同。在这种情形之下，连词的种类那些抽象品也是可容许的而且有用的。有许多叫做“语言学论著”的书籍对什么都谈一点，从发音器官以及模仿发音器官的人为的机械（录音机）的说明，以至印欧系、塞密蒂克系、考卜蒂克系[1]、中国系或其它系语言学的最重要的成果的撮要；从语言的起源或关于语言性质的哲学泛论，以至关于书形、书法、语言学著作中笔记的安排等等教训；我们对于这类著作也应当看作含有教导意味的东西而宽容它们。但是在这些著作里，这一大堆零乱的观念——关于语文本质的，语文看成表现品的——终于要化为美学的观念。美学供给关于语文性质的知识，经验的文法供给为教导而设的方便法门，此外就别无讲语文的学问，除非算上语文的历史，根据活着的实在的语文所写成的历史，这就是具体的文学作品的历史，其实也就是文学的历史。

〔基本的语言事实：字根〕　误以物理的事实为审美的事实，才去寻求美的事物的基本形式；寻求基本的语言事实，也是犯了同样错误，所谓基本的语言事实就是指把较长组的物理的声音分为较短组；其实单音、母音、子音以及叫做"字"的音组这一切语言要素，如果单提出来说，都没有确定的意义，都不能叫做"语言的事实"，都只是声音，只是从物理方面抽象出来，分成类的声音。

"字根"说犯了同样错误，现在一般最有名的语言学家们都不很看重字根了。既已混淆物理的事实与语言或表现的事实，又以为观念的次第必先简而后繁，人们于是就以为最小的物理事实就

[1] 语言的重要系统有：印欧系（Indo-European），包含欧洲及印度各种语言；塞密蒂克系（Semitic），包含犹太阿拉伯各国语言；考卜蒂克系（Coptic）即埃及系语言；中国系，有时称为蒙古系。

是最简单的语言事实。因此他们假想最古的最原始的语言必定是单音的，历史的研究必定终于发见到单音的字根。但是依这假想推下去，最初人类所构思的表现品也许不是一种声音，而只是一种模仿的生理的反射动作；也许不外射为一种声音，而只外射为一种姿势。纵然假定它外射为一种声音，我们也没有理由假定那声音必是单音的而不是复音的。语言学家们不能把复音字溯源到单音字，往往自责无知与无能，而信赖将来人可以办到这一点，但是他们的信念实无根据，他们的自责也是起于错误假定的谦卑举动。

此外，音节的界限，和字的界限一样，也完全是勉强的；多少是借经验的用法分别出来的。原始的语言，或是未受教育者的语言，是一个连贯体，他们不曾意识到把一句话分成单字或单音那些经院派所造成的不实在的东西。真正的语言学的规律不能根据这种单字单音的区分。语言学家们的口供可以为证，他们承认关于“母音重叠”，“破音字”，“两母音相连而都发音”，“两音合成一音”之类现象，并没有真正的语音学的规律，只有凭趣味与方便所定的规律，那就是审美的规律。“文字”的规律如果不就是“风格”的规律，是什么呢？

〔审美的判断与模范语言〕 最后，有人要寻求一种模范语言，寻求一种方法，使语言的习惯用法归于统一，这是由于迷信美的事物可凭一个理性的标准去测量，即我们所称为“错误的审美的绝对性”[①]那一个概念。在意大利，这叫做“语言的统一”问题。

① “审美的绝对性”见第十六章。

语言是常川不断的创造。已用语言表现过的东西就不再复演，除非根据已创造成的东西再造。生生不息的新印象产生音与义的继续不断的变化，即生生不息的新表现品。寻求模范语言，就是寻求动的不动。每个人都说话，而且都应依照事物在他的心灵中所引起的反响，即他的印象，去说话。所以最热心维护语言统一问题的任何一个解决方案者（无论他主张采用近似拉丁的标准意大利语，14 世纪的习用语，或是佛罗伦萨的方言），在他们说话传达思想要人了解时，都不很愿意实践他们的理论。因为他们觉得用拉丁，14 世纪的意大利语，或是佛罗伦萨语的字，来代替根源不同而恰合他们的自然印象的那种字，就不免牵强失真。那样办，他们就会成为自语自听者而不是说话者，是学究而不是认真的人，是戏子而不是诚实人。依照一种理论去写作，就不是真正写作，至多只是“炮制文学品”。

语言统一问题常再蹶再起，因为照它的字面看，它所根据的是错误的语言概念，所以它是不可解决的。语言并不是一种军械库，装了已制好的军械；不是一部字典，搜集了一大堆抽象品；也不是坟园中抹油防腐的死尸。

我们对于模范语言或语言统一问题的排斥似颇突然，但是我们不能不这么办，这并非对意大利许多世纪以来争辩这问题的一长串作者不表示敬意。那些热烈争辩的对象原只是审美性相而不是审美的科学，是文学而不是文学原理，是有效力的写作和说话而不是语言的科学。它们的错误在把一种需要变成一种科学的主张，比如说，把有方言隔阂的人民应能容易互相了解那一个念头，变成要有一个唯一的理想的语言那一个哲学的要求。这种寻求正如寻求一种普遍的语言[①]一样荒谬,所谓普遍的语言就是和概念与抽象一样有固定性的语言。人与人应该更好地互相了解那一个社会需要,只有借普及教育,改良交通,与交流思想这些方法才能得到解决。

〔结论〕 这些零散的话应该已够说明,语言学的一切科学问题和美学的问题都相同;两方面的真理与错误也相同。如果语言学与美学似为两种不同的科学,那就由于人们把语言学看作文法,或一种哲学与文法的混合,一种牵强的备忘表格,一种教书匠的杂凑,而不把它看作一种理性的科学,一种纯粹的语言哲学。文法,或是与文法不是无关的东西,也在人心中引起一个偏见,以为语言的实在性可以在分散而可合并的单字上见出,而不在活的言语文章上(即于理为不可分划的表现有机体上)见出。

凡是有哲学头脑的语言学家们在彻底深入语言问题时,常发见自己很像掘地道的工人们(用一个陈腐而却有力的譬喻),到了某个地点,他们必能听到他们的伙伴美学家们从地道的另一头在挖掘的声音。在科学进展的某一阶段,语言学就其为哲学而言,必须全部没入美学里去,不留一点剩余。

---

① 寻求一种普遍的语言:17 世纪哲学家莱布尼茨就有这个意思,近代“世界语”是一个实例。

图书在版编目(CIP)数据

美学原理/(意)克罗齐著;朱光潜译.—北京:商务印书馆,2017
(汉译世界学术名著丛书:120年纪念版:珍藏本)
ISBN 978-7-100-14875-7

Ⅰ.①美… Ⅱ.①克… ②朱… Ⅲ.①美学理论 Ⅳ.①B83-0

中国版本图书馆CIP数据核字(2017)第160092号

汉译世界学术名著丛书
(120年纪念版·珍藏本)
美学原理
〔意〕克罗齐 著
朱光潜 译

商 务 印 书 馆 出 版
(北京王府井大街36号 邮政编码100710)
商 务 印 书 馆 发 行
北 京 冠 中 印 刷 厂 印 刷
ISBN 978-7-100-14875-7

2017年12月第1版 开本710×1000 1/16
2017年12月北京第1次印刷 印张11½
定价:60.00元